T0197271

Essays zur Gegenwartsästhetik

Reihe herausgegeben von
Moritz Baßler
Münster, Deutschland

Heinz Drügh
Frankfurt am Main, Deutschland

Daniel Hornuff
Kassel, Deutschland

Maren Lickhardt
Innsbruck, Österreich

Die Reihe analysiert aktuelle kulturelle Phänomene in ihrer Ästhetik, Medialisierung und gesellschaftlichen Zirkulation monografisch. Es geht darum zu zeigen, wie gegenwärtiges ästhetisches Erleben unseren Alltag prägt, unser Konsumverhalten bestimmt, unsere Zugehörigkeiten formiert, unsere Lebensstile konstituiert und nicht zuletzt die Sphäre des Politischen prägt. Dieses betrifft Themen wie Geschlechterrollen und Liebesbeziehungen, Todesphantasien und die Stilisierung lebendiger Körper, Modediktate, Designtrends und Konsumpräferenzen, Arbeitsethiken, Freundschaftsrituale und demokratische Praktiken. All dieses hat spezifische Konjunkturen, wird zu bestimmten Zeiten besonders heiß und produktiv diskutiert.

Die Bände widmen sich auf dieser Basis aktuellen ästhetischen Phänomenen und Verhandlungen in literatur-, kultur-, medien- und gesellschaftswissenschaftlicher Perspektive und unterziehen sie semiotisch-kulturpoetischen Mikro- und Makroanalysen. Dadurch soll ihre kommunikative Dimension analysiert und kontextualisiert und ihre diskursive, politische wie ökonomische Aufladung transparent gemacht werden. Die Reihe richtet ihren Blick dorthin, wo mediale Aufmerksamkeit, ästhetische Prägnanz, ökonomische Potenz und kulturelle Virulenz sich an einem ästhetischen Kristallisationspunkt treffen. Konkret kann sich dies auf das Musikgeschäft, die Bildende Kunst, die Literaturproduktion, die Film- und Fernsehindustrie, Fangemeinden, Popkultur, Konsumästhetik etc. beziehen.

Daniel Hornuff

Krass! Beauty-OPs und Soziale Medien

 J.B. METZLER

Daniel Hornuff
Kunsthochschule in der
Universität Kassel
Kassel, Deutschland

Gefördert von der VolkswagenStiftung im Rahmen des Schlüsselthemen-Projekts „Gegenwartsästhetik – Kategorien für eine Kunst und Natur in der Entfremdung".

ISSN 2730-7301   ISSN 2730-731X   (electronic)
Essays zur Gegenwartsästhetik
ISBN 978-3-662-63420-2   ISBN 978-3-662-63421-9   (eBook)
https://doi.org/10.1007/978-3-662-63421-9

Die Deutsche Nationalbibliothek verzeichnet diese Publikation in der Deutschen Nationalbibliografie; detaillierte bibliografische Daten sind im Internet über http://dnb.d-nb.de abrufbar.

Cover: © Artjazz/Shotshop/picture alliance

Planung/Lektorat: Ferdinand Poehlmann
J.B. Metzler ist ein Imprint der eingetragenen Gesellschaft Springer-Verlag GmbH, DE und ist ein Teil von Springer Nature.
Die Anschrift der Gesellschaft ist: Heidelberger Platz 3, 14197 Berlin, Germany

#krass
#krassoptik
#plasticsurgery
#aestheticsurgery
#beforeandaftersurgery
#bodymodyfication
#selfoptimization
#deepfakes

Danksagung

Das Buch wäre ohne Unterstützung der *VolkswagenStiftung* nicht entstanden. Der Förderung im Rahmen der *Schlüsselthemen für Wissenschaft und Gesellschaft* verdanke ich den Austausch mit etlichen Kolleg*innen – deren Anregungen auf je eigene Weise in das Buch Eingang fanden. Besonders danke ich den am Projekt Beteiligten: Moritz Baßler, Heinz Drügh – beide zugleich Mitherausgeber dieser Reihe –, Birgit Richard, Henning Arnecke, Marvin Baudisch, Jana Müller, Niklas von Reischach und Hannah Zipfel. Maren Lickhardt, ebenfalls Mitherausgeberin dieser Reihe, bin ich für geteilte Überlegungen an entscheidender Stelle sehr dankbar.

Dass ich mich auf die Arbeit am Thema einlassen konnte, dazu trugen auch Personen bei, die mir erste kleine Veröffentlichungen meiner Thesen ermöglichten: Christiane Florin, Martin Hartwig, Thomas Hecken, Shelly Kupferberg und Franziska Porsch. Ihnen allen danke ich herzlich!

Inhaltsverzeichnis

Maskenspiele zum Einstieg

Donald Trump wischt sich übers Gesicht. Das macht er mehrmals, zunächst mit einer Hand, dann mit beiden Händen. Warum Joe Biden ständig Maske trage, fragt er, wo Biden doch bereits einiges an Geld in Beauty-OPs investiert habe: „I mean, honestly, what the hell did he spend all that money on the plastic surgery if he's going to cover it up?" (zit. n. Beckwith 2020). Das Publikum johlt, einige krümmen sich vor Lachen. Man hat verstanden, um was es geht.

Wenige Tage vor dem ersten TV-Duell gelang dem noch Amtierenden während einer Wahlkampfveranstaltung in Moon Township, Pennsylvania, eine wirkungsvolle Verknüpfung. Trumps offenkundige Absicht war es, ein doppeltes Ressentiment gegen den Herausforderer zu schüren. Wiederholt hatte Trump in den zurückliegenden Wochen das Anlegen eines Mund-Nasen-Schutzes als unmännliche Verhaltensweise – als Signal der Schwäche – diskreditiert

© Der/die Autor(en), exklusiv lizenziert durch Springer-Verlag GmbH, DE, ein Teil von Springer Nature 2021
D. Hornuff, *Krass! Beauty-OPs und Soziale Medien*, Essays zur Gegenwartsästhetik, https://doi.org/10.1007/978-3-662-63421-9_1

(vgl. Victor 2020; MSN 2020), bevor er es sich anders überlegte und das Maskentragen zur patriotischen Heldentat umcodierte (vgl. Breuninger 2020).

Nun kam hinzu, dass Trump ein altes, bereits zur Zeit der Obama-Administration immer wieder bemühtes Gerücht anheizte. Joe Biden habe sich, so die Spekulationen, ästhetischen Behandlungen unterzogen. Indem Trump beide Themen – Maske und OP-Eingriffe – miteinander verband, sollte dem Konkurrenten eine angebliche Verweichlichung bei uneingestandener Eitelkeit angehängt werden. Die Karikatur eines kraftlosen Schönlings, eines Verweiblichten, war in die Welt gesetzt; und der eigene Wahlkampf einmal mehr als Siegeszug maskuliner Durchsetzungskraft ausgegeben.

Die Frage, wie es Trump mit Schönheitsoperationen am eigenen Körper hält, war indes ebenfalls Gegenstand lebhafter Debatten. Diese wurden vor allem in den Sozialen Medien geführt und gingen mit teils umfangreichen Bildrecherchen, -vergleichen und -analysen einher: Vermeintliche Narben wurden gewissenhaft beobachtet, angebliche Veränderungen der Gesichtszüge dokumentarisch festgehalten und insgesamt Trumps körperliche Erscheinung immer wieder daraufhin überprüft, mit welchen Mitteln an welchen Stellen etwas ‚gemacht' worden sein könnte.

Eine besonders „krasse Veränderung" durch „Beauty-OPs" wurde allerdings bei Melania Trump registriert. Und auch Ivanka Trump habe sich „krass […] in den vergangenen Jahren verändert" – wobei sich das, was in ihrem Fall „nach Natural-Beauty aussieht, […] bei genauerem Hinsehen als die ein oder andere Trickserei" entpuppe (VIP 2020). Selbst seine Ex-Frau Ivana Trump habe sich „so krass […] optisch verändert", sodass auch bei ihr „höchstwahrscheinlich das ein oder andere über die Jahre" gemacht worden sei (BUNTE 2017). Waren damit sowohl

Teile des Trump-Clans als auch Trump selbst als Beauty-OP-Analyse-Objekte etabliert – und fast durchgängig mit einem ‚Krass'-Label versehen –, kam es in der Folge seines Auftritts zu speziellen Trump-Biden-Vergleichen.

Vielbeachtete Ergebnisse legte die US-amerikanische Bloggerin und Influencerin Lorry Hill vor. In einem gut zehnminütigen YouTube-Video bilanzierte sie wenige Tage nach Trumps Auftritt die Modellierungskarriere beider Konkurrenten (Abb. 1): „Trump. vs. Biden: Who had more plastic surgery?" (Lorry 2020). In diesem „battle of cosmetic procedures" fand denn auch nahezu das gesamte Leistungsspektrum der Chirurgie Beachtung: „We have Face lifts, liposuctions, hair transplants, veneers, bridges, Botox, and more" (ebd.). Die Sache blieb spannend bis zum Schluss. Obwohl beiden Männern nach Sichtung ihrer Körperbilder aus mehreren Jahrzehnten jeweils fünf Eingriffe nachzuweisen waren, ‚siegte' dennoch Biden, da er ungleich höhere Summen investiert haben musste.

Abb. 1 Screenshot des YouTube-Videos „Trump. vs. Biden: Who had more plastic surgery?". (Quelle: https://i.ytimg.com/vi/JJ66VP7aW_U/maxresdefault.jpg. © Lorry Hill: https://www.lorryhill.com/about/)

Der Erfolg dieses ebenso aufwendig produzierten wie ironisch performten Videos beweist: Die Frage nach der gesellschaftlichen und kulturellen Bedeutung der Ästhetisch-Plastischen Chirurgie kann ohne Beachtung der Bildwelten der Sozialen Medien nicht (mehr) annähernd erfasst werden. Die öffentliche Aneignung, Kommentierung, soziale Bewertung und ästhetische Einordnung der Eingriffe sind als deren selbstverständliche Bestandteile mitzudenken – sofern man verstehen möchte, warum diese körperliche Gestaltungspraxis einerseits ökonomische Erfolge feiert, sich andererseits aber mitunter heftigsten, nicht selten moralisch wertenden Vorhaltungen konfrontiert sieht. „Der kosmetische Blick ist ein Blick auf den Körper, der von Technik, den Erwartungen und den Strategien der Körpermodifikation informiert ist", bemerkte die Medientheoretikerin Bernadette Wegenstein bereits 2009. Entscheidend sei, den Blick selbst als eine „kulturelle Konstruktion" zu verstehen, „die gleichzeitig das Bedürfnis zu sehen und gesehen zu werden erzeugt" (Wegenstein 2009, S. 18). Nur so könne verstanden werden, „dass diese Art zu sehen erlernt ist – und zwar mittels der heutigen Medienkultur" (ebd.).

Vor diesem Hintergrund ist Trumps Versuch, den Herausforderer über eine konstruierte Kombination von Beauty-OPs und Maskentragen lächerlich zu machen, in noch anderer Hinsicht beachtlich. Denn völlig unabhängig vom damaligen US-Wahlkampf scheint es, als erlebe das Geschäft mit Schönheitsoperationen seit Beginn der SARS-CoV-2-Pandemie einen nochmals verstärkten Aufschwung – jedenfalls aus Sicht jener Branche, die mit solchen Behandlungen Geld verdient. So konstatiert Harald Kaisers, Präsident der *Deutschen Gesellschaft für Ästhetisch-Plastische Chirurgie*, vergleichsweise nüchtern eine „Zunahme des Patienteninteresses an Ästhetisch-Plastischen Behandlungen während der

Corona-Pandemie" (Kaisers 2021). Andere Meldungen wirken euphorischer, wie etwa jene aus der *Ärzte Zeitung,* die verkündet, dass „Schönheits-Operationen [...] einen Corona-Boom" erführen (Ärzte Zeitung 2021). Und in einer Düsseldorfer Privatklinik habe man nach Auskunft von Christoph Reis, Facharzt für Ästhetisch-Plastische Chirurgie, bereits im Frühsommer 2020 „20 bis 30 % mehr" (zit. n. Jünger 2020) Eingriffe verzeichnen können.

Klar ist: Solche Statements, vorgetragen aus interessengeleiteter Perspektive, skizzieren Konstellationen in einer westlichen Wohlstandsgesellschaft – und wahrscheinlich überhöhen sie deren Bedürfnisse nach Körpergestaltungen auch. Belastbare empirische Daten für einen globalen Anstieg ästhetischer Eingriffe im Zuge der Pandemie scheinen jedenfalls (noch) nicht vorzuliegen. Eine Studie aus einem Universitätskrankenhaus in São Paulo kommt aus naheliegenden Gründen zu schlicht gegenteiligen Ergebnissen: Aufgefordert, die „Division of Plastic Surgery" zur Behandlung von Corona-Patientinnen und -Patienten freizugeben, wurde in der Folge ein entsprechend deutlicher Rückgang ästhetischer Eingriffe registriert: „Cosmetic surgeries were reduced from 19.8 to 4.9 %" (Pagotto et al. 2020).

Umso bemerkenswerter ist, welche Gründe im europäischen Raum für die – behauptete oder tatsächliche – Zunahme angeführt werden. Kliniken und Praxen stellen die Corona-Zeit als eine einmalig ergiebige Phase dar. Die Pandemie biete herausragende Chancen, ließe sich doch eine neue Sensibilität gegenüber dem eigenen Körper feststellen. Demnach seien sich vor allem „durch das Tragen der Maske" besonders „viele Menschen ihrer Augenpartie bewusster" geworden. Die Augen stünden „nun jeden Tag im Fokus des Betrachters", was zur Folge habe, dass vor allem „Lidstraffungen in Zeiten der Coronakrise" florierten (Giessler 2020). Und nach

Eingriffen, die nicht an, sondern unterhalb der Augenpartie durchgeführt werden, böte die Maske willkommenen
Sichtschutz. Narben, kleinere Schwellungen oder Haut-
verfärbungen seien leichter und vollständiger als sonst
zu kaschieren. Die Maske wird aus Sicht der Ästhetisch-
Plastischen Chirurgie doppelt geschätzt: als auslösender
Faktor und als tarnende Maßnahme. Rückt sie einerseits
einen als behandlungswürdig identifizierten Bereich des
Gesichts ins Zentrum der Aufmerksamkeit, schützt sie
andererseits vor Blicken derer, denen übergangsweise ent-
stellte Partien verdeckt bleiben sollen.

Möglicherweise auf diesen Zweifachgewinn anspielend,
veröffentlichte eine Münchner Praxis für Ästhetisch-
Plastische Chirurgie im Oktober 2020 das Foto einer
maskentragenden Person (Abb. 2).

Abb. 2 Screenshot der Praxis-Homepage von Dr. Svenja
Giessler. (Quelle: https://plastische-chirurgie-giessler.de/corona-
das-bewusstsein-fuer-den-eigenen-koerper-waechst/. © Svenja
Giessler. Praxis Dr. Giessler, Plastische und Ästhetische Chirurgie
München: https://plastische-chirurgie-giessler.de/)

Von ihrem Körper ist bis auf einen Teil der Stirn und einen kleinen Ausschnitt des Halsbereichs nichts (mehr) zu sehen – und verbunden wird das Bild mit einer rhetorischen Frage: „Warum eine Gesichtsverschönerung vornehmen, wenn die Maskenpflicht das Gesicht verdeckt?" (Giessler 2020). Der anschließende, obligatorische Hinweis, wonach „Lidstraffungen in Zeiten der Coronakrise einen Boom" erführen (ebd.), verlinkt auf eine Seite, über die Termine zur Lidstraffungsberatung vereinbart werden können – was erst recht deutlich macht: Verbergen und Entbergen, die zwei ureigenen Fähigkeiten einer Maske, kehren in der Pandemie auf dem Spielfeld der Schönheitsoperationen wieder.

Verfolgt man Beiträge zu den jüngsten Chancen und Möglichkeiten der Ästhetisch-Plastischen Chirurgie, sticht noch ein weiterer Punkt ins Auge. Demnach sei durch die enorm verlängerte Zeit, die Menschen in Videokonferenzen verbrächten, „das Gesicht" insgesamt „ein Riesenthema" geworden (Ingelmann 2021) – ein Umstand, der sich ebenfalls auf das übrige Körperempfinden auswirke: „Seeing oneself on-screen over and over again encourages people to obsess over body image and perceived flaws" (Meeson 2020). Tatsächlich sind diese Hinweise alles andere als abwegig: Wann je haben Menschen derart fokussiert einander ihre Gesichter präsentiert – und zugleich ebenso oft in das Bild ihres jeweils eigenen Gesichts gestarrt? „Die Leute nehmen sich anders wahr", leitet der plastische Chirurg Werner Mang ab: „Vor der Pandemie hat kaum jemand sein eigenes Gesicht so oft gesehen wie jetzt, wo es den ganzen Tag auf dem Bildschirm mit zu sehen ist. Früher hat man halt morgens einmal in den Spiegel geschaut" (Crone 2020).

Nach dieser Lesart korrelieren Videokonferenzen mit intensivierten Körperstudien. Bilder von Gesichtern treten mit anderen Bildern von Gesichtern in Beziehung.

In Kacheln aufgereiht, verleiten sie zu vergleichenden Formanalysen. Stärken und Schwächen, Vorzüge und Nachteile lassen sich bis in kleinste Merkmale, Züge, Falten detektieren – so lange, bis sich trotz Kontaktbeschränkungen und Maskentragen ein Überdruss an Gesichtern einzustellen beginnt: „Zoom Fatigue" (Moorstedt 2020) geht einher mit zunehmender *Face Fatigue*. Manche signalisieren daher spontanes Einverständnis – manchmal auch offene Erleichterung –, wenn vorgeschlagen wird, alle Kameras auszuschalten. Und wieder andere aktivieren ihre Kameras zu Video-Meetings schon gar nicht mehr.

Neben diesem teils entlastenden Verschwinden des Bildes suggerieren Schönheitsoperationen – zumindest indirekte – Abhilfe. „Die Vorstellung, dass eine Veränderung am sichtbaren Körper auch andere Ebenen als nur die ästhetische ansprechen soll, liegt in Bezug auf das Gesicht besonders nahe", erklären die Psychologin Lisa Schäfer-Fauth und der Psychiater Joachim Küchenhof, und weiter: Am Gesicht „kondensieren sich unterschiedliche soziale und identitätsstiftende Eigenschaften, die dem Körper zukommen", ja „das Gesicht ist ein sensibler Verhandlungsplatz für soziale und identitätsstiftende Prozesse" (Schäfer-Fauth und Küchenhoff 2016, S. 66 f.)

Adressiert wird die Hoffnung, durch chirurgische Eingriffe das Gesicht mit neuem Leben erfüllen, es mit frischer Wirkung versehen zu können. Für Werner Mang liegen die Dinge entsprechend klar: „Seit dem ersten Lockdown sehen wir [...], dass die Gesichtsoperationen immens zunehmen." Nachgefragt sei „die Verschönerung von Schlupflidern, Tränensäcken oder dem Doppelkinn". Vor allem „Doppelkinn-OPs" seien „irre auf dem Vormarsch" – was wiederum an „Face-Time" läge, immerhin sehe man „da [...] ja ganz übel aus. Da sieht man den

Tränensack völlig schonungslos. Viele unserer Patienten sagen: Ich kann niemanden mit Face-Time mehr anrufen, ich sehe aus wie der Tod" (Crone 2020).

Schenkt man diesen Selbstempfehlungen Glauben, ist es weniger das Gesicht als solches, das als Anlass genommen wird, Veränderungen anzustreben. Stattdessen fungieren Bilder des Gesichts als Auslöser für Eingriffe. Folglich ist es nur konsequent, wenn auch die Optimierung des Gesichts wiederum nach Bedingungen der Bilder, ihrer Formate und Medien gestaltet wird. Die „Beauty-Baustelle Kinn" sei demnach auch andernorts „plötzlich so gefragt" wie nie zuvor, denn: „Wer sich im Video-Call nach unten neigt, betont damit sein Kinn mehr als sonst" (zit. n. Güntert 2021), weiß der Chirurg Lucas Leu. Laut der Schweizer *Handelszeitung* stellten plastische Chirurginnen und Chirurgen seit Beginn der Pandemie sogar eine regelrechte „Kinn-Konjunktur" fest (ebd.). Für Tränensack und Doppelkinn scheint somit zu gelten: Was die Perspektive der Laptop-Kamera überstark akzentuiert, soll die Chirurgie bildkompatibel umbauen – sodass im Video-Call erscheint, was als Selbstbild angestrebt wird.

Auffällig ist, dass sich die so be- und umworbenen Gestaltungslösungen in hinlänglich bekannte Optimierungspraktiken eingliedern. Ein signifikanter Kontrast zu gewöhnlichen Schmink- und Frisur-Tipps existiert jedenfalls nicht – auch wenn kulturkritische Stimmen genau darin ultimative Gefahren sehen: „Die Operation wird zur Kosmetik, wenn sogenannte Schönheitsoperationen in gewissen Medien das Niveau der Alltäglichkeit wie den Gang zum Friseur erlangen, wenn z. B. auch in Internetportalen Patienten mit Rabatten geködert werden oder Männer aufgefordert werden, ihren Frauen zu Weihnachten doch ein Facelift zu schenken" (Bull 2009, S. 42 f.). Dies alles sei „mit einer seriösen ästhetischen Chirurgie nicht zu vereinbaren und muss entschieden abgelehnt werden" (ebd.).

Ungeachtet dessen führen chirurgische Angebote mit plastischen Mitteln fort, was seit Pandemie-Beginn immer wieder an das ästhetische Gewissen der Video-Konferierenden appelliert wird. „So sehen Sie in Videokonferenzen gut aus", säuselte beispielsweise *Bild der Frau* bereits wenige Tage nach Ausbruch der Pandemie. Und obwohl sich die Empfehlungen noch vergleichsweise zögerlich auf „Bildaufbau, Licht, Make-Up" beschränkten, verbanden sich mit ihnen ähnlich ambitionierte Ziele, wie sie auch von Schönheitskliniken in Aussicht gestellt werden: „Gerade weil das Gesicht im Zentrum einer Videokonferenz steht, sollte hier alles perfekt sein" (Bild der Frau 2020).

Wo alles perfekt sein soll, kann ein Essay seinen Ausgangspunkt nehmen – und in Rechnung stellen, dass „menschliche Schönheitsideale […] gesellschaftliche Produkte" erzeugen, „die ihrerseits wieder produktiv sind" (Abend und Körner 2017, S. 9). Die eingangs aufgeworfenen Fragen möchte ich in diesem Buch vertiefen: In welcher Beziehung steht die Ästhetisch-Plastische Chirurgie zu digitalen Bildwelten? Haben wir es – wie es die Videokonferenz-Diagnosen der zitierten Chirurgen andeuten – mit einem sich wechselseitig bedingenden Verhältnis zu tun? Wirken Bilder auf die Wünsche nach körperlicher Gestaltung ein – und erzeugen die so gestalteten Körper ihrerseits neue Bildkonventionen? Was bedeutet es, wenn ästhetisch-plastische Operationen öffentlich verhandelt, in Sozialen Medien repräsentiert, kommentiert und als Möglichkeiten der Aneignung von Körpern Beachtung finden? Und was, wenn der trumpistische Reflex um sich greift – und das Thema auch unter den neuen medialen Vorzeichen unter Verdacht gestellt wird?

Der Kulturphilosoph Boris Groys verweist in diesem Zusammenhang auf die eigentümliche Neigung, den Körper chirurgisch optimierter Menschen moralisch zu bewerten. Bis heute sei die Unterstellung anzutreffen, dass ein chirurgischer Eingriff die Vorspiegelung falscher Tatsachen bedeute und damit einer ästhetischen Lüge gleichkäme. Deshalb bestünde „das primäre Ziel des Selbstdesigns (…) darin, den Verdacht eines potentiellen Betrachters zu neutralisieren, einen Effekt der Aufrichtigkeit zu produzieren, der in der Seele des Betrachters Vertrauen erweckt", so Groys' Folgerung. Beauty-OPs erzeugten einen designten Körper, der sich selbst verleugnen müsse. „Mit anderen Worten, wir warten auf einen Moment der Aufrichtigkeit, auf einen Moment, in dem die designte Oberfläche aufreisst und einen Blick ins Innere gewährt. Null-Design versucht, für den Betrachter auf künstliche Weise einen solchen Riss zu erzeugen und ihm damit zu ermöglichen, die Dinge so zu sehen, wie sie wirklich sind" (Groys 2013). Zu fragen ist: Wenn ein chirurgischer Eingriff in den Körper die Suggestion eines Null-Designs – eines Designs also, das als Design nicht erkennbar ist – aufbaut, geht es dann nicht auch um die Aushandlung von Identifikationsfragen? Vielleicht sogar um den Widerstreit zwischen einem pluralistisch-offenen, durch Selbst- und Fremdzuschreibungen veränderbaren Körperbild und der essentialistischen Konzeption eines Naturkörpers? Zugespitzt: Wird der Glaube an die Widergeburt des Naturschönen im Zeitalter des Anthropozäns etwa besonders hartnäckig auf dem Feld der Ästhetisch-Plastischen Chirurgie verteidigt?

Zur Beantwortung dieser Fragen ist es erforderlich, das Thema zu kontextualisieren. So beleuchte ich zunächst punktuell das historische Vorleben der ästhetisch-plastischen Imagebildung. Darauf aufbauend rücken ausgewählte Selbstdarstellungen und Verlautbarungen von

Kliniken und Praxen ins Blickfeld, die Selbstverständnisse jener Einrichtungen also, die sich auf ästhetisch-plastische Eingriffe spezialisiert haben. Auf dieser Grundlage untersuche ich schließlich öffentliche Selbstpräsentationen operierter Menschen, sodass die Bildwelten der Sozialen Medien gesonderte Aufmerksamkeit erfahren. Jeweils werden dabei Berichterstattungen aus den Massenmedien ebenso berücksichtigt wie Reaktionen, die einzelne Postings auslösen.

Begrifflich orientiere ich meine Ausführungen an einer Einteilung, die die Juristin Katharina Schmitt vorgeschlagen hat. Die verschiedenen Bezeichnungen für die Eingriffe, so Schmitt, ließen „sich danach [unterscheiden], welchen Verkehrskreis sie verwenden: die ästhetisch(-plastische) Chirurgie spiegelt überwiegend die Perspektive der Ärzte, die kosmetische Operation die Perspektive der Juristen und die Schönheitsoperation die Perspektive der Patienten wieder [sic]" (Schmitt 2019, S. 67). Hinzuzufügen wäre, dass insbesondere die Bezeichnung ‚plastische Chirurgie' im historischen Kontext gebräuchlich ist, und erst im Verlauf des 20. Jahrhunderts trat ‚ästhetisch' als ergänzende Bezeichnung hinzu, um sich schließlich zu einem feststehenden Begriff zu verfestigen.

Grundsätzlich gehe ich in meinen Überlegungen davon aus, dass die Ästhetisch-Plastische Chirurgie ein bedeutsames Phänomen gegenwärtiger Kulturtechniken darstellt (vgl. Wegenstein 2012). Zur Erinnerung: Lange galten plastische Eingriffe in den Körper als Verfahren bloßer Leidminderung. Vor allem seit Beginn des 19. Jahrhunderts wurde insbesondere Kriegsversehrten und Unfallgeschädigten ermöglicht, zumindest in Ansätzen und Teilen wiederherzustellen, was am Körper entweder seit Geburt oder aber durch Gewalteinwirkung zerstört, verlorengegangen oder entstellt worden war. Plastische Chirurgie war eine Praktik der Rekonstruktion und berief sich insofern auf Konzeptionen ästhetischer Normalität. Mit ihr einher gingen Vorstellungen sozialer und medizinischer Normierung: Das Abweichende musste korrigiert, das Ungewöhnliche angepasst, das scheinbar Fremde in bekannte Formen überführt werden. Im Übergang zum 20. Jahrhundert erhielt die bis dahin vorwiegend rekonstruktive Chirurgie neue Funktionen, Aufgaben und vor allem Spielräume. Zunehmend ging es darum, nicht nur einen gewesenen Zustand so weit wie möglich wiederzuerlangen, sondern nun auch darum, Gewünschtes und Ersehntes zu verwirklichen. Körper wurden immer offensiver als Objekte des Designs – als Möglichkeitsorte – eingestuft. Zur Vorstellung eines Körpers *in actu* trat die Idee eines Körpers *in potentia*.

Erst damit konnte die Ästhetisch-Plastische Chirurgie zu einem erheblichen Faktor innerhalb des Medizinsektors aufsteigen (vgl. ISAPS 2017) – sodass es sich bei der „Schönheitschirurgie" inzwischen um einen weltweiten „Milliardenmarkt" handelt, „der am Wachsen ist" (Ingelmann 2018). Unzählige private Einrichtungen und Arztpraxen spezialisier(t)en sich auf die Um- und Neugestaltung von Körpern – und überschreiben ihre Angebote mit ultimativen Versprechen: Wer sich operieren lässt, gelange zu sich selbst. Durch gestaltenden Eingriff würden beispielsweise dem gefühlten Alter oder dem eigentlichen, bislang aber nicht hinreichend darstellbaren Charakter äußere Entsprechungen verliehen. Damit komme der Körper zu seiner angeblich wahren Bestimmung. Operierte überwänden die Entzweiung von Geist und Materie, ja seien – wieder oder endlich – identisch mit sich selbst: „Es geht [...] um körperlich-psychische Stimmigkeit – letztlich um ein Ringen nach Integrität des Selbst(-bildes)" (Schäfer-Fauth und Küchenhoff 2016, S. 75).

Dies wiederum nehmen Boulevardmedien dankend auf. Mit detektivischem Ehrgeiz suchen sie aufzudecken und nachzuweisen, was die Schöngemachten lieber für sich behalten möchten. Denn am Gebauten soll – im Sinne des Null-Designs – nichts gebaut aussehen, ein Umstand, den insbesondere männliche Chirurgen dazu motiviert, sich als Künstlerfiguren – als die eigentlichen Bildhauer – zu empfehlen. Damit wiederum schreiben sie sich (wohl unbewusst) in die lange Geschichte der plastischen Chirurgie ein (vgl. Lorenz 2009), deren Ziel es durchaus war, einen modernetypischen Geniemythos in die medizinische Praxis einzutragen.

Bisher übersehen ist allerdings, dass die Konjunktur der Beauty-OPs auf gleich mehrfache Weise mit dem Erstarken der Sozialen Netzwerke verbunden ist. Werden auf Instagram, Facebook und YouTube bereits millionenfach Körpergestaltungen in und durch Bilder verhandelt, ist zu überlegen, inwiefern sich Beauty-OPs auf einer Ebene mit technischen Filtern und bildoptimierenden Programmen deuten lassen. „Immer öfter wollen Patienten in der chirurgischen Praxis ihren bearbeiteten Bildern so nahe wie möglich kommen" (DGÄPC 2019), meldete beispielsweise eine deutsche Fachvereinigung. Es geht darum, so eine der in diesem Buch verfolgten Thesen, den Körper in ein Bild zu verwandeln, noch bevor er als digitales Bild in die Öffentlichkeit der Sozialen Medien gepostet wird.

Diese hier zunächst nur behauptete Verschränkung zwischen Körpern und Bildern trägt ihrerseits zum Imagewandel der Ästhetisch-Plastischen Chirurgie bei. Viele Userinnen und User zeigen inzwischen ebenso selbstverständlich wie selbstbewusst, an welchen Stellen umgestaltet und erweitert, weggeschnitten und zusammengezogen, verlängert oder verkürzt worden ist. In Vorher-Nachher-Bildern wird die typische Inszenierungsweise der Kliniken und Praxen aufgegriffen – und das Ergebnis des Eingriffs als ästhetischer und sozialer Distinktionsgewinn in Szene gesetzt. Dies führt dazu, dass einzelne Körper bis hinein ins vermeintlich Groteske und angeblich Monströse chirurgisch ausgestaltet werden und somit immer neue Möglichkeiten der Selbstidentifikation eröffnen. Mag man auch hier vorschnell mit der kulturkritischen Sorge vor pathologischen Entwicklungen zur Stelle sein, wähle ich einen anderen Zugang.

„Menschen machen Diät, stylen sich, werden operiert – alles, um sich zu verwandeln in die, die sie sein wollen sollen" (Villa 2008, S. 7), beobachtet die Soziologin Paula-Irene Villa. So intensiv wie kaum eine andere Person hat Villa die gesellschaftlichen und persönlichen Bedeutungen der Ästhetisch-Plastischen Chirurgie untersucht. Villa macht klar, dass „die vermeintlich äußerliche Körperarbeit immer und unausweichlich Arbeit am sozialen Selbst" bedeutet (ebd., S. 8). Die bewusste Gestaltung des eigenen Körpers folge durchaus ästhetischen Normen, allerdings nicht zwangsläufig in der Weise des Sich-Unterwerfens oder gar des Aufgebens persönlicher Wertsetzungen.

Denn entgegen des Vorwurfs der Uniformierung und Fremdbestimmung heißt Arbeit am Körper nicht automatisch Preisgabe innerer Freiheiten. Solche Körperpraktiken – und deren bildliche Darstellungen! – können ebenso Orientierungspunkte bieten, zu dem sich eigene Vorstellungen in Beziehung setzen lassen. Villa betont die „Gleichzeitigkeit von individueller Autonomie, z. B. auf der rhetorischen oder diskursiven Ebene (etwa der Medien) einerseits und von Beherrschung des Individuums, etwa auf der praxeologischen oder narrativen Ebene andererseits" (ebd.). Somit entdeckt eine solche Perspektive weder radikale Autonomieemphasen noch apokalyptische Entfremdungsszenarien. Das Buch versucht, daran anzuschließen, und ich möchte aufgreifen, was Villa zu bedenken gibt: „Das Phänomen der plastischen Chirurgie zwingt zur gesteigerten Reflexivität" (Villa 2008a, S. 87).

Besonders interessant und bislang ebenfalls unbeachtet ist, in welchem kommunikativen Klima solche Eingriffe in den Körper innerhalb der Sozialen Medien verarbeitet und mit Bedeutung aufgeladen werden – die Frage also, wie Userinnen und User auf die geposteten Körperbilder reagieren. Nahezu durchgehend dominieren Ausrufe der Begeisterung: ‚Wow', ‚Respekt' und – dies vor allem – ‚krass!' Was aber folgt daraus? Deuten sich in solchen Begriffen neue oder zumindest veränderte ästhetische Kategorien an? Welches ästhetische Urteil gewinnt Form, wenn es sich über den Ausruf ‚krass' artikuliert?

Als ‚krass' werden nämlich nicht nur die Körper und deren Bilder eingestuft, sondern mit diesem kleinen Wort belegt man ebenso die dabei hergestellten Stilgemeinschaften der Bildsendenden und -empfangenden. Man bewegt sich in einer ‚krassen' Community, ist womöglich selbst schon ein wenig ‚krass' geworden und registriert, wie ‚krass' sich andere gebärden. Die Ästhetisch-Plastische Chirurgie wird vor diesem Hintergrund zu einem Maßstab ästhetischer Kalibrierung, zu einem Referenzwert, an dem sich sowohl der eigene als auch der gemeinsame Geschmack bilden und entwickeln lässt. Und gilt damit für ‚krass' – das kein Synonym für ‚schön' ist – nicht in ähnlicher Weise, was die amerikanische Kultur- und Literaturwissenschaftlerin Sianne Ngai als *Our Aesthetic Categories* in die Debatte eingeführt hat? Gegen Ende des Buchs diskutiere ich, ob sich ‚krass' strukturell vergleichen lässt mit dem, was Ngai mit Blick auf *zany, cute* und *interesting* festhält: „The aesthetic categories […] refer to basic human and social competences increasingly encroached on by capitalism over the past half century: affect and emotion, in the case of zaniness; language and communication, in the case of the interesting; intimacy and care, in the case of the cute" (Ngai 2021, S. 13).

Voraussetzung ist auch hier, unter Absehung kulturpessimistischer und hobbypsychologischer Auslegungen die Beziehung zwischen Körpermodellierung und sozialer Medienpraxis zu beobachten. Nur so lassen sich möglichst unvoreingenommen Formen der Attraktivitätsgestaltung, der Erzeugung von Anerkennung, der Aushandlung von Geschlechtszuschreibungen und der Ausbalancierung des Körpers zwischen natürlicher Erscheinung und künstlichem Ereignis beobachten. „Äußerlichkeiten", so sei nochmals mit Paula-Irene Villa in Erinnerung gerufen, „sind nie nur Schein, derzeit und in den Medien erst recht nicht" (Villa 2008, S. 7).

Somit diskutiere ich ausblickend, inwiefern Zuschreibungen wie ‚krass' ernster genommen werden sollten als es derzeit in der öffentlichen – und akademischen – Wahrnehmung geschieht. Wäre es nicht erstaunlich, wenn im vermeintlich komplett nebensächlichen ‚Krass' eine kulturelle Kompetenz kulminierte, die sich schon lange nicht mehr an autonomieästhetischen Werken schärft – sondern nun unter anderem am Körperdesign der Alltagskultur entwickelt? In dieser Perspektive ließe sich das Buch auch als Plädoyer lesen – als Votum, eingeübte Abwertungen durch Zuschreibungen wie ‚oberflächlich' oder ‚krankhaft' zu beenden. Nach meiner Auffassung lohnt es sich, genauer, sensibler, umfassender auf das zu achten, was offenbar für sehr viele Menschen einen kulturellen, ästhetischen und sozialen Wert besitzt: sich durch Körper und Bild selbst zu bilden.

Denn längst nicht jeder Person sind derartige ästhetische Selbstentwürfe vergönnt. Beauty-OPs kosten Geld, und wer besonders viel von ihm besitzt, verfügt über Möglichkeiten, die anderen versagt bleiben. Das Buch habe ich daher auch im Bewusstsein über die Gefahren

einer möglichen schönheitschirurgischen Feudalgesell-
schaft geschrieben. Je mehr Menschen die notwendigen
Mittel besitzen und diese auch einsetzen, um den eigenen
Körper in gewünschte Formen designen zu lassen, desto
größer wird die ästhetische und folglich soziale Kluft zu
jenen, die sich solche Eingriffe nicht leisten können. Dies
wiederum könnte einen neuen aristokratischen Körper-
stolz nach sich ziehen. Chirurgisch optimierte Körper
eignen sich in besonderer Weise als Statussymbole, mit
ihnen lässt sich ökonomische Überlegenheit signalisieren –
gewinnt doch das in Beauty-OPs investierte Geld im
Körper und seinen Formen sichtbare Gestalt, wird also
greif- und erfahrbar und damit zu einem Gegenstand
der Demonstration. Die genuine „Marktförmigkeit der
Ästhetisch-Plastischen Chirurgie" (Wustmann 2021,
S. 242), mit der sich die Soziologin Julia Wustmann
jüngst auseinandergesetzt hat, erfordert ein vertieftes
Nachdenken über Strukturen des ästhetisch-plastischen
Ausschließens.

Dass in diesem Zusammenhang auch das Feld der
Kunst immer wieder ins Spiel gebracht wurde – und nach
wie vor wird –, um eine chirurgische Triumphprosa ins
Leben zu rufen, darüber schreibe ich folgenden, ersten
Kapitel des Hauptteils.

Die Körperbildchirurgie in ihren Formen und Funktionen

Genie-Schnippler aus der Vorgeschichte

Im Jahr 1844 legte der in Minsk praktizierende Arzt Georg Emmanuel Jäsche seine *Beiträge zur plastischen Chirurgie* vor. Schon in den ersten Abschnitten seiner Abhandlung findet sich ein Hinweis, der in selbstbewusster Weise das medizinische mit dem bildnerischen Schaffen in Übereinstimmung bringen möchte: „Durch den Zweck sowohl, als das Mittel, erhält diese Classe von Operationen einen ganz eigenthümlichen, von dem der übrigen wesentlich abweichenden Character, und stellt ein abgeschlossenes Ganzes, eine besondere Kunst dar" (Jäsche 1844, S. 2).

Wird damit die Exklusivität der plastischen Medizin herausgestellt, belegt Jäsche diese Tätigkeit zusätzlich mit dem Begriff der Kunst – was vor allem deshalb bemerkenswert ist, da er auch sie mit dem Attribut der Besonderheit

© Der/die Autor(en), exklusiv lizenziert durch Springer-Verlag GmbH, DE, ein Teil von Springer Nature 2021
D. Hornuff, *Krass! Beauty-OPs und Soziale Medien,*
Essays zur Gegenwartsästhetik,
https://doi.org/10.1007/978-3-662-63421-9_2

versieht. Begründet wird die Sonderstellung mit dem angeblich höheren Produktivitätsgrad des plastischen Schaffens. Denn „während der Chirurg sonst fast immer nur zerstörend, entstellend wirkt, ahmt er hier die bildende Thätigkeit der Natur nach, und stellt sich insofern auf einen höheren Standpunkt" (ebd.).

Die historischen Überschneidungen zwischen (Plastischer) Chirurgie und bildnerischem Schaffen wurden vielfach beschrieben (vgl. Santoni-Rugio und Sykes 2007). Aus dem Blick ist jedoch geraten, wie vor allem in der Moderne Kunst und Kunstbegriffe herbeizitiert wurden, um der körpergestaltenden Medizin Image- und Distinktionsgewinne einzufahren. Dies zu beachten ist wichtig. Denn unverkennbar wurden durch diese Aneignungsversuche jene Bedeutungen vorgebildet, die die Ästhetisch-Plastische Chirurgie bis heute ebenso breit wie markant prägen – und sich bis hinein in die Bildwelten der Sozialen Medien fortsetzen.

Demnach wurden kunsttheoretische Versatzstücke mit der ästhetischen Praxis der Plastischen Chirurgie erst zusammengedacht und dann am Körper zusammengeführt. So sehr sich die – männlichen – Chirurgen als modellierende Gewinnertypen in Szene setzten und sich damit gegenüber anderen medizinischen Fächern abzugrenzen suchten, so stark blieben sie klischeehaften Vorstellungen von der Leistungskraft der Bildenden Kunst verhaftet. Als „ein grosses, wichtiges künstlerisches Gebiet" bezeichnet der Chirurg Johann Friedrich Dieffenbach 1845 in einem monumentalen, als Standardwerk konzipierten Lehrbuch die „plastische Chirurgie" (Dieffenbach 1845, S. 312). Zuzustimmen ist daher dem Philosophen Dieter Birnbacher, wenn er nicht ohne Erstaunen bemerkt: „Interessant für den Kunsthistoriker ist, dass zumindest in Teilen der ästhetischen Chirurgie auch die Kunst eine Rolle spielt" (Birnbacher 2017, S. 102).

Verwunderung mag sich vor allem angesichts des Ehrgeizes einstellen, mit dem über Jahrzehnte hinweg am Projekt der Selbstglorifizierung gearbeitet wurde. Jäsche beispielsweise reklamierte für die plastische Chirurgie nichts Geringeres als ein quasi-göttliches Vermögen. Der „Ersatz fehlender Theile" (Jäsche 1844, S. 2) wiederhole mit medizinischem Geschick schöpferische Wirkungsweisen. Gleichwohl stehe der Chirurg damit vor einem Dilemma. Denn wie könne er, fragt Jäsche indirekt, überhaupt in diese ihm zugedachte Rolle schlüpfen, wo er doch gar nicht im eigentlichen Sinne Neues in die Welt setze? Ist der Chirurg also nur ein Pseudo-Schöpfer mit allenfalls begrenzter Schaffenskraft? Jäsche entwindet sich dem Dilemma mit einem ästhetischen Trick. Die Rolle der Plastischen Chirurgie wird durch ihn nicht etwa relativiert, sondern, angespornt von der Überzeugung ihrer überragenden Bedeutung, nochmals umfassender ausgelegt: „Ist der Arzt sonst nur Diener der Natur, unterstützt er sie nur in ihren Heilsbestrebungen, so tritt er, wenn er fehlende Körpertheile ersetzt, vielmehr als ihr Meister auf" (ebd., S. 2 f.).

Zwar gesteht Jäsche zu, dass der plastische Chirurg seinen „Copien nie die Vollkommenheit der Originale zu geben vermag". Doch beweist dies nur umso mehr seine überlegene Raffinesse. Erst mit „Hülfe der Naturkraft" gelängen dem Chirurgen „Werke". Um also „sein Talent und seine Geschicklichkeit" zur vollen Entfaltung zu bringen und „den jedesmaligen Zweck zu erreichen", dürfe er „gewisse Bedingungen nicht verletzen." Geschick und Kennerschaft ergänzten einander in idealer Weise – sodass die Lage klar sei: Der Plastische Chirurg „wirkt hier in der That ganz als bildender Künstler, der von der

Natur nichts, als das nöthige Material fordert, um die Schöpfungen seiner Phantasie zu verkörpern" (ebd., S. 3).

Jäsche folgt einem zentralen Anliegen autonomie-ästhetischer Prinzipien. Das ästhetische Vermögen – jene „lebendige schöpferische Einbildungskraft" – erscheint als ganz im Geiste eines Genies aufgehoben. Demnach spiele „dieser Zweig der äusseren Heilkunst" umso eindeutiger „in das Gebiet der bildenden Künste hinüber[...]" (ebd.). Indem die Plastische Chirurgie mit einem Bedeutungs-vorsprung gegenüber anderen medizinischen Tätigkeiten ausgestattet sein soll, rekapituliert Jäsche zugleich typisch romantische Vorstellungen aus dem Feld der Bildenden Kunst. Diese erscheint als das Andere, als das im Alltag Unerreichbare und damit als Kraft, die Gewöhnliches zu transzendieren vermöge.

Es überrascht daher nicht, wenn in der Folge der „plastische Operateur" mit dem „Baumeister" zunächst verglichen und dann sogar in eins gesetzt wird. Gesucht wird die Überblendung mit einer Figur, „die den Plan des Gebäudes ausdenkt und ausführt" – wobei „die Natur [...] nur den Handlanger" mache, „welcher ihm die Steine und den Mörtel bereitet und darreicht." Es sei somit schlicht „die Pflicht eines Jeden, der Beruf dazu fühlt, auf die Vervollkommnung dieser Kunst hinzuarbeiten" (ebd.). Um sich aus den alltäglichen Niederungen der Medizin herauszuheben, wollte man Anschluss an eine idealisierte Kunst herstellen, um die Plastische Chirurgie mit dem Nimbus ästhetischer Autonomie zu versehen: in sich abgeschlossen, geniegeleitet, von Selbstbestimmtheit und Eigengesetzlichkeit getragen.

Interessant ist dieser frühe Versuch der Selbstaufwertung aus mehreren Perspektiven. Die Rede vom Baumeister des Körpers erinnert heute wohl stärker denn je an das, was viele Menschen mit dem Schlagwort ‚Körperbau' in Verbindung bringen. Die architektonische Verbildlichung verspricht Veränderbarkeit, Optimierbarkeit, Erweiterung oder, je nach Präferenz, Verschmälerung – und nicht zuletzt schwingt das Assoziationsfeld der Renovierungen, Sanierungen und Instandsetzungen mit. Das Eingliedern des Körpers in ein räumliches Denken verortet den Körper nicht nur in einem – ihn umgebenden – Raumgefüge. Vor allem erklärt es den Körper selbst zur Raumformation, zu einer Plastik oder einem skulpturalen Gebilde. Möglicherweise tritt dadurch ein, was die Kunsthistorikerin Silvia Eiblmayr mit Blick auf feministische Body-Art-Happenings der 1970er Jahre festgestellt hat: „Das befreiende Moment [in diesem Fall: für den plastischen Chirurgen; D.H.] liegt ja gerade in der Überschreitung der ‚Kategorien‘, liegt darin, daß die scheinbare Eindeutigkeit der Grenze zwischen Objekt und Subjekt, zwischen dem Menschen und dem Kunstwerk, dem Körper und dem Material in Frage gestellt wird" (Eiblmayr 1993, S. 138). So ist vielleicht auch erklärbar, warum eine Mitgliederzeitschrift zweier deutscher Chirurgie-Verbände das Inhaltsverzeichnis ihrer 2017 erschienen Themenausgabe zur plastischen Chirurgie mit einer Bildhauer-Szene illustrierte (Abb. 1).

Der Hinweis auf die harmonische Teilmodellierung soll bis heute die ästhetische Kompetenz der Bau- und Bildhauermeister unterstreichen. Eine Münchner Praxis wirbt etwa mit folgender Zusicherung: „Als ‚Experts of Beauty‘ konnten wir in den vergangenen Jahren mit unseren Brustvergrößerungen bereits zahlreichen Frauen zu einem natürlich wirkenden Busen passend zu Körperbau und -proportionen verhelfen" (Geisweid und Kühlein, o. J.). Zugleich wird angedeutet, dass persönlich gewünschte Lösungen jederzeit möglich seien. Was genau unter wohlgeratenen Proportionen und ausbalancierten Bauformen, die zudem den Anforderungen eines natürlichen Aussehens genügen sollen, zu verstehen ist, will man nicht

Abb. 1 Ausschnitt aus dem Inhaltsverzeichnis der Zeitschrift *Passion Chirurgie,* Ausgabe 06/2017. Mit freundlicher Genehmigung des Berufsverbands der Deutschen Chirurgen e. V. (BDC)

festschreiben – und somit auch nicht durch Maß- oder Gewichtsangaben definieren.

Aus den Überlegungen des Minsker Arztes Jäsche wird zudem ersichtlich, wie nah sich männlich codierte

Kunstverständnisse und Ansätze der Plastischen Chirurgie stehen. Ein offenbar absolut souveränes, überlegenes Subjekt räsoniert über die Modellierung eines Objekts – ein Zugang, der sich ebenfalls noch heute einiger Beliebtheit erfreut, wie die Medizinsoziologin Rhian Parker gezeigt hat: „For example one practitioner, in an advertisement for facial surgery which had a drawing of a smiling woman, asks ‚Why not discuss the way you look with someone who really knows?' This implies that the doctor is the expert in female beauty and can provide ‚solutions to your particular concern'“ (Parker 2009, S. 105 f.). Die „Erfindungen der grossen Meister in dieser Kunst", so Jäsche über hundertfünfzig Jahre zuvor, kämen all jenen zugute, deren körperliche Bausubstanz in Mitleidenschaft gezogen worden sei, die also dringlich auf den Moment hofften, in dem ihnen der „Schöpfer der Methode" Linderung in Aussicht stelle (Jäsche 1844, S. 4).

Jäsches gesamte Begriffswelt war somit darauf ausgerichtet, eine eigentlich als rein rekonstruktive Chirurgie veranschlagte Praxis um das Surplus männlicher Ästhetik-Leistungen zu ergänzen. Es sollten eben nicht nur Funktionen wiederhergestellt werden; sondern Wiederherstellung wurde als Projekt der Formverbesserung, als Chance zur qualitativen Potenzierung eingestuft. Hier wiederum kommt Jäsche zugute, dass eine plastische Fehlleistung – ein misslungener Kunstgriff – fast nie als Geschicklichkeitsschwäche des ausführenden Operateurs auffallen dürfte. Oft mit bereits stark ruinösen Körpern konfrontiert, kann sich das selbstidentifizierende Chirurgie-Genie im Zweifelsfall immer mit der mangelnden Kooperationsbereitschaft der Natur herausreden: „Versagt sie ihm diesen Dienst, so kommt freilich der ganze Bau nicht zu Stande" (ebd., S. 3).

Jäsches Beitrag ist nicht zuletzt deshalb markant, weil er sowohl Symptom eines historischen Wandels als auch

Prototyp eines bis heute nachwirkenden Selbstverständnisses ist. Besonders klar hat diesen Umschlag die Philosophin und Medizinhistorikerin Mariacarla Gadebusch Bondio herausgearbeitet. Nach ihrer Beobachtung nahm das „Vordringen ästhetischer Elemente in die am reinen Funktionserhalt orientierte Chirurgie […] bereits im 19. Jahrhundert" ihren Anfang (Gadebusch Bondio 2005, S. 17). Und das, obwohl die rekonstruktive Chirurgie erst um die Jahrhundertwende einen wirklichen „Aufschwung erlebte" und „zu einem anerkannten Teilbereich der Medizin wurde", indem sie vor allem bei der „Wiederherstellung der durch Verletzungen – meist Kriegsverletzungen – verursachten Verunstaltungen […] plastische Verfahren perfektioniert[e]" (ebd., S. 16).

Dennoch setzte schon Jahre zuvor ein, was Gadebusch Bondio als „wachsende Nachfrage nach Veränderungen und ‚Verbesserungen'" beschreibt: Die vermeintlich korrigierende Modellierung „von nicht geschädigten, sondern einfach von Natur aus abweichend gestalteten bzw. als abweichend empfundenen Körperpartien." Dazu gehörten vor allem „Nase, Brust, Augenlider, Ohren oder Lippen", einige jener Körperpartien also, die sich noch „lange nach den Versuchen der Physiognomik" dazu eigneten, die „Entfernung und Kaschierung von sogenannten ‚auffallenden Rassenmerkmalen'" mit chirurgischen Mitteln durchzusetzen (ebd., S. 17). Wer davon ausgeht, dass sich das Innere eines Menschen zwangsläufig in seinem Äußeren manifestiere, ist wohl besonders anfällig für die Idee, durch Eingriff in das Äußere eine Umarbeitung des Inneren erwirken zu können. Physiognomischer Formessentialismus und Rassismus kooperieren auf vortreffliche Weise, wenn es darum geht, gruppenbezogene Menschenfeindlichkeit in konkretes Handeln zu überführen.

Gleichwohl kann nicht übersehen werden, dass sich die Beziehung zwischen Plastischer Chirurgie und Kunst spätestens seit Mitte des 19. Jahrhunderts breiterer Geläufigkeit erfreute – auch wenn ‚Kunst' meist weniger als Synonym der Bildenden Kunst denn als Bezeichnung für die Handfertigkeit und das praktische Können der Chirurgen Verwendung fand. Dennoch schlugen kunstbildnerische Anleihen in dem für das Genre typischen metaphorischen Sprechen immer wieder durch.

In der berühmten, von Friedrich August von Ammon und Moritz Baumgarten verfassten *Kritik der Plastischen Chirurgie* aus dem Jahr 1849 ist beispielsweise von der „Kunst der Nasenbildung" die Rede. Als „Rhinoplastik" sei diese zugleich „die älteste Kunst" der plastischen Chirurgie – deren „Ursprung [...] sich im Innersten der Tempel des alten Indiens" verlöre (von Ammon und Baumgarten 1849, S. 49). Und in einem elf Jahre zuvor erschienen *Handbuch der plastischen Chirurgie* setzt sich der Chirurg Eduard Zeis mit der Frage auseinander, wie die operativ-bildnerischen mit den natürlich-wachsenden Kräften zu versöhnen seien. Immerhin nehme die Plastische Chirurgie „die Kraft der Natur in Anspruch". Diese könne beispielsweise solange Unterstützung leisten, bis „die Anheilung eines [...] Hautlappens an die Stelle, an die man ihn verpflanzt hat, zu Stande gekommen ist" (Zeis 1835, S. 3).

Wo Jäsche Natur und Kunst in einem starren Hierarchieverhältnis sieht, identifiziert Zeis ein notwendiges, in der Medizingeschichte immer wieder vorausgesetztes Ineinander: „Die ärztliche Kunst vermag ja nirgends etwas ohne die Beihülfe der Natur, so auch hier." Damit wird der Chirurg gerade nicht in die überlegene Position eines die Natur vollendenden, sie perfektionierenden Gestalters erhoben – auch wenn Zeis an einer Stelle durchschimmern lässt, dass das plastische

Geschäft längst nicht jedem offenstehe. Es brauche schon „besonder[e] Eigenschaften, welche den Arzt zum Operateur qualificiren", und diese seien nun mal ein „Talent", das „man sich nicht geben" könne, das also „angeboren sein muss" (ebd., S. 8).

Umso erstaunlicher ist, dass Zeis den Spieß dennoch umdreht und dem Chirurgen-Künstler Demut empfiehlt. Denn erst „die heilende Kraft der Natur vollendet sein Werk" – was den Gestaltenden wiederum zur ständigen Vorsicht mahnen müsse. Demnach solle er den bereits ins Spiel gebrachten „Hautlappen" nur „bis auf einen gewissen Punkt, den er nicht überschreiten dürfe", abtrennen. Andernfalls drohe die Rache der Natur. Sie würde die Annahme verweigern – mit dem Resultat eines letztlich abgestoßenen Körperteils. Nichts hält Zeis von genialischen Spontaneinfällen. Was es stattdessen brauche, sei ein möglichst klarer Entwurf vom Ablauf der Werkerstellung. Struktur, Kontrolle und Umsicht seien oberste Gebote: „Der plastische Operateur wird [...] in seinen Unternehmungen um so glücklicher sein, je richtiger er seinen Operationsplan entworfen und ausgeführt hat, und je besser er die [...] Processe voraus zu berechnen und zu leiten versteht" (ebd.).

Zeis bezieht Chirurgie und Kunst vergleichsweise lose aufeinander, indem er plastische Tätigkeiten rational strukturiert und als Ausweis letztlich unverfügbarer Fähigkeiten interpretiert. Demgegenüber verschmilzt der Arzt Hermann Eduard Fritze beide Bereiche wesentlich enger miteinander – und zwar so konsequent, dass es am Ende beinahe zur Ausrufung einer neuen Kunstgattung kommt. In seiner Schrift zur Plastischen Chirurgie aus dem Jahr 1845 schildert er zunächst und spürbar ergriffen die sagenhaften Erfolge Gaspare Tagliacozzis, ein in der zweiten Hälfte des 16. Jahrhunderts in Bologna wirkender Chirurg und Anatom. Dieser sei „von seinen Mitbürgern so geehrt" worden, dass sie „ihm nach seinem Tode im anatomischen Theater eine Marmorstatue setzen liessen, mit den Insignien seiner Kunst – einer Nase – in der Hand" (Fritze 1845, S. 1).

Tagliacozzis herausragende künstlerische Leistung habe in erster Linie darin bestanden, „den Kranken" nichts „wegzunehmen". Fritze führt aus, dass Chirurgen vor Tagliacozzi „ihre Grösse darin gesucht" hätten, „Arme und Beine abzuschneiden, den Hirnschädel anzubohren und Löcher in das Fleisch zu ätzen und zu brennen." Der Professor aus Bologna hingegen „suchte und fand […] Ehre darin, […] verloren gegangene Theile wieder anzusetzen." Entscheidend sei gewesen, dass „Nasen, Lippen und Ohren" nun nicht mehr aus „Holz, Pappe, Silber oder Gold" gefertigt worden seien, „sondern (wie man wenigsten damals allgemein glaubte) von wirklichem, wahrhaftigem Fleische." Der Meister selbst habe „das Ganze seiner Kunst" stets „in einen dunklen Schleier gehüllt", sodass „[n]iemand eigentlich begreifen konnte, wo er die neuen Nasen hernähme." Waren es „wirkliche Menschennasen, von anderen Leuten entnommen"? Oder wurden „dieselben aus irgend einer Art zarten Fleisches, etwa aus Hühner- oder Kalbsfleisch aus[ge]schnitten", die der Chirurg dann „den Verstümmelten anflickte?" (ebd.).

Fritzes Ausführungen stehen denen Jäsches in nichts nach – ja sie überbieten diese noch in ihrem kunstanhimmelnden Geltungsdrang. Wer nach einer frühen Ästhetischen Theorie der Plastischen Chirurgie sucht, wird in den ebenso euphorisierten wie ausschweifenden Ausführungen des zunächst in Berlin und später in Neustadt-Eberswalde Praktizierenden reichlich fündig werden. Bemerkenswert ist nämlich, wie Fritze im Grunde sämtliche Phasen des künstlerischen Schaffensprozesses auf rekonstruktive Medizinverfahren überträgt: Angefangen bei der Materialauswahl über Fragen der konkreten Ausgestaltung und stilistischen

Angemessenheit bis hin zur Wirkung, die das Geschaffene auf Menschen ausübe. Kürzer gefasst: Von der Idee zur Umsetzung zur Ausstellung.

Entsprechend detailreich wird die Herstellung ästhetisch reizvoller Werkstücke beschrieben. Grundsätzlich sei die Plastische Chirurgie als „Kunst" zu „zauberähnlichen Erfolge[n]" im Stande, die sich in wirkungsästhetischer Währung auszahlten: „Wer die Freude erblickt hat, mit der die früher Verstümmelten ihre neue Nase, ihr Augenlid u. s. w. betrachtet und befühlten, wer Zeuge war, wie sie sich neugeboren wähnten, wie sie an keinem Spiegel vorübergehen konnten, ohne einen lüsternen, freudigen und zufriedenen Blick hinein zu werfen [...]; der wird bewundernd eingestehen müssen, dass gerade diese Kunst am wenigsten eine Spielerei, sondern eine wahre ars medicatrix sei und den Menschen Heil und Segen bringe" (ebd., S. 2 f.).

Wie zu jeder autonomieästhetischen Kunst, die beeindrucken möchte, gehört auch für Fritze zur ‚ars medicatrix' die stets mitschwingende, latente Gefahr des Scheiterns. Die Kunst der „plastischen Operationen" sei, so Fritze, generell „unsicher in ihren Erfolgen", sei überdies „schwer auszuführen" – was ihr Ansehen jedoch nicht schmälere, im Gegenteil: Je herausfordernder die Gestaltungsaufgaben ausfielen, „desto besser, desto mehr Ehre für den, der dies leicht und glücklich vermag." Für Fritze steht fest, dass die bildnerische Tätigkeit des Chirurgen auf einer (unausgesprochenen) Vereinbarung mit den Personen beruhe, an die er Hand anlegt. Weder der Chirurg noch „der Kranke" dürften das vollständig mimetisch nachgeahmte, perfekte Ersatzteil erwarten. Eine „künstliche Nase, selbst die gelungenste", werde „nie eine natürliche völlig erreicht" haben. „Die Natur", so Fritze nun endgültig kunstphilosophisch gestimmt und im platonischen Duktus vortragend, „triumphirt immer über die Kunst" – was wiederum darauf verweise, dass „die Gränze zwischen Göttlichem und Menschlichem" niemals falle (ebd., S. 3).

Dass Ansätze zur chirurgischen Körperkunst nicht nur in ärztlichen Schriften, sondern auch in literarischen Fiktionen verhandelt wurden, dies hat der Literaturwissenschaftler Moritz Baßler nachgewiesen. Am Beispiel von Goethes *Wilhelm Meisters Lehrjahre* zeigt er, wie die plastische Anatomie als ein Verfahren zur Aufführung kommt, das durch Freilegen von Körperschichten die wahre Schönheit eines Körpers hervorbringe. Wilhelm, der in einem anatomischen Theater die „Enthüllung" eines weiblichen Körpers durchführen soll (Baßler 1997, S. 187), empfindet zunächst eine Hemmung, das Messer anzusetzen – ein Konflikt, der „gelöst wird […] durch den Auftritt eines Deus oder doch zumindest Halbgottes ex machina […], der in diesem Moment des Schwankens rettend an Wilhelms Seite tritt, um ihn aus dem anatomischen Theater hinaus durch die enge Pforte ins Paradies der plastischen Anatomie zu führen" (ebd.). Dieser buchstäbliche Weg, „im Roman […] als Raumflucht inszeniert", führt „von den Gipsabgüssen antiker Statuen durch Räume mit gipsernen Körperteilen zu den ‚anatomischen Zergliederungen' […] und [endet] schließlich vor dem holzgeschnitzten ‚Knochenskelett eines weiblichen Armes […]'" (ebd., S. 187 f.). Plastische Anatomie und Bildhauerkunst werden so anschaulich wie in kaum einem anderen Werk als wechselseitige Bedingungen einer ästhetischen Arbeit an Körpern präsentiert.

Wer indes derart großen Wert auf die ästhetische Leistungskraft eines Chirurgen legt, wie dies Fritz tut, ist womöglich bestrebt, auch seine eigenen Ausführungen durch besonderen Gestaltungseinsatz zu dekorieren. Und tatsächlich verblüffen die seiner Schrift angehängten Darstellungen noch heute. Die teilweise kolorierten, von Georg Friedrich Otto erstellten Kupfertafeln illustrieren jene Arbeitsschritte, die anzuwenden sind, um gewünschte Ergebnisse zu erzielen (Abb. 2). So zeigt etwa Tafel 32 die wiederherstellende „Operation des Lippenkrebses in der

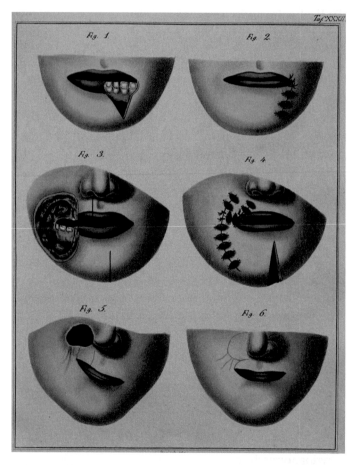

Abb. 2 Tafel zur Veranschaulichung wiederherstellender Operationen. In: Fritze, Hermann Eduard/Reich, O. F. G.: Die plastische Chirurgie in ihrem weitesten Umfange dargestellt und durch Abbildungen erläutert. Berlin 1845, Tafel XXXII

Nähe des Mundwinkels" (ebd., S. 177), wobei zunächst der hohe Farbkontrast ins Auge sticht. Sind die unversehrten Gesichtsflächen in vergleichsweise unscheinbaren Brauntönen gehalten, blitzen neben Wunden, Schnittlinien und Nähten vor allem die – weiblichen? – Lippen in sattem Rot hervor.

Der didaktische Zweck ist unverkennbar. Gesteigert wird er, indem nur allernötigste physische Merkmale in die einzelnen Figuren eingearbeitet worden sind. Dennoch zeigen sich hier keine bloß schematischen Gesichtszüge. Gerade die Kombination aus Wunden, Folgen der Eingriffe und scheinbaren mimischen Regungen verleihen den Gesichtsausschnitten eine Suggestion von Lebendigkeit – was insofern eine sanft irritierende Wirkung ausübt, als die Augen und damit wichtige Merkmale persönlicher Ausstrahlung abgetrennt sind. Zugleich schreiben sich die Darstellungen in die lange Bildgeschichte der ästhetisch verlebendigten Schaukörper ein, wie sie vor allem in den Anatomie-Atlanten der Frühen Neuzeit beliebt waren (vgl. von Roojen 2000).

Auf durchaus geschickte Weise erscheinen die drei Fälle in jeweils unterschiedlichen Behandlungsstadien. Bleibt im obersten Beispiel – sicher nur vorübergehend – eine Naht sichtbar, wird diese in der zweiten Darstellung – mutmaßlich ebenfalls nur temporär – durch zusätzlich angebrachte Schnitte ergänzt, wobei der untere Fall eine klaffende Wunde nach sich zieht. Die letzte Figur auf der Tafel wiederum zeigt sich im Zustand des abgeschlossenen Eingriffs und sogar nach Verheilen der Wunde – und es scheint, als umspiele den Mund ein leichtes Lächeln. Ist dies eine emotionale Beglaubigung für die künstlerische Qualität des Plastischen Chirurgen? Ein wiederum physiognomisch gemeintes Dankeschön, mit dem dieser Mensch anzeigt, nicht nur vom Leiden befreit worden, sondern nun auch wieder bei sich selbst angekommen zu sein?

Mit diesen Schautafeln werden frühe Varianten der Vorher-Nachher-Bilder erzeugt. Der suggerierte zeitliche Verlauf zwischen den jeweils linken und rechten Gesichtern nimmt vorweg, worauf heute keine Klinik und keine Praxis mehr verzichten möchte und was in den Sozialen Medien inzwischen massenhaft anzutreffen ist. Damals wie heute handelt es sich um Selbstempfehlungen durch Erfolgsdokumente, die in Form zweier Körperbilder abgegeben werden. Die stolzen plastischen Chirurgen des 19. Jahrhunderts werten ihre Tafeln allerdings auch als ästhetische Instrumentarien, die ihnen dabei helfen, einem vollständigen Aufgehen in der Bildenden Kunst zu widerstehen. Schließlich erblicken in der Kunst meist nur die Ergebnisse der Werkprozesse das Licht einer breiteren Öffentlichkeit. Für nicht-professionelle Betrachterinnen und Betrachter ist deshalb oft kaum nachzuvollziehen, welchen Weg ein Werk zurücklegen musste, um als ein solches erscheinen zu können. Die ästhetisch-plastischen Körper-Diptychen hingegen punkten mit dem Vorzug der Vergleichbarkeit: Mit einem Blick ist zu erfassen – und damit zu beurteilen –, was aus dem Vorhandenen gemacht worden ist.

Der kleine historische Exkurs ist nicht ohne einen Sprung in das 20. Jahrhundert abzuschließen. Dazu genügt ein Blick in das kolossale, 1973 erschienene *Handbuch der plastischen Chirurgie,* eine Art Riesensammelband monographischer Arbeiten. Im Abschnitt über „ästhetische Operationen im Mund- und Kieferbereich" ist zu erfahren, dass es grundlegende Aufgabe der Ästhetisch-Plastischen Chirurgie sei, „Fehler der Natur am menschlichen Gesicht zu korrigieren und zu verbessern". Wird damit einerseits der hinreichend bekannte Defizit- und Abweichungsdiskurs fortgeschrieben, tritt andererseits die ebenso oft bemühte Kunsterfahrung als quasi-erlösende Kraft hinzu. Die „häufige Berührung mit Kunstwerken" habe immer schon „Gefühl und Maßstab für die harmonische Schönheit geweckt" (Köle 1973, S. 102).

Als gehe es darum, die kunstaffinen Chirurgie-Elaborate des 19. Jahrhundert möglichst ungefiltert zu übernehmen, werden die eingeübten Analogien ausführlich wiederholt. „Wie der Architekt vor dem Bau das Haus plant oder der Bildhauer eine Plastik zuvor modellieren muß", so sei auch der Chirurg dazu angehalten, „orthopädische Operationen zuvor am Gipsmodell selbst durch[zu]führen." Er habe folglich „nicht nur [über] große chirurgische Erfahrung" zu verfügen, sondern müsse „auch mit der Kunstgeschichte vertraut sein" (ebd., S. 102 f.). Und selbst noch im Jahr 2018 berichtet Farid Rezaeian, Facharzt für Plastische, Rekonstruktive und Ästhetische Chirurgie, aus seiner Praxis, als arbeite er in einem Atelier: „Ich schleife, bohre, schneide, breche und forme wie ein Bildhauer". Demnach gäbe es auch „plastische Chirurgen, die empfehlen, einmal als Übung in einem Kurs eine Nase aus dem Stein zu hauen" (Pfändler 2018).

Es war daher wohl nur eine Frage der Zeit, bis die ersten Chirurgen begannen, ihren Aktionsradius auszuweiten – um Skalpell und Spritze tatsächlich gegen Pinsel und Farbe einzutauschen. In einem Essay über *Plastische Chirurgie und Kunst* räsoniert Horst L. Schuster, vormals Facharzt für Ästhetisch-Plastische Chirurgie und nun, zum Zeitpunkt der Niederschrift, freischaffender Künstler, darüber, „inwieweit ich selbst überhaupt künstlerisch ‚frei' sein kann" (Schuster 2012, S. 42). Schusters Text wirkt einigermaßen wirr, offenbar angetrieben vom pulsierenden Wunsch, möglichst viele kunsttheoretische Topoi einzufangen und unterzubringen. Doch wäre es zu voreilig, ihm deshalb Naivität oder platte Kunstgläubigkeit zu unterstellen. Denn bei genauerer Lektüre erweisen sich seine Überlegungen als durchaus fruchtbar.

Identifiziert Schuster seine künstlerische Arbeit als „„alt-meisterlich'" und favorisiert er hierfür „einen technisch aufwendigen Stil" (ebd.), grenzt er seine chirurgische Tätigkeit davon ab, indem er diese als immer wieder-kehrende, mechanische Praxis einstuft. Was aber bedeutet es, so seine Überlegung, wenn Wiederholung als leitendes ästhetisches Prinzip der Plastischen Chirurgie gilt? Könnte es nicht sein, dass „das Phänomen sich mitunter ähnelnder ästhetisch operierter Patienten die gesamte Fachrichtung [...] in die Nähe der von Walter Benjamin besprochenen ‚Reproduktionen'" rücke (ebd., S. 43)? Da es in der Ästhetisch-Plastischen Chirurgie im Grunde keine „innovative Dynamik" gebe, sie also meist nur „Verjüngung oder Symmetriesierung und nicht die Ver-wirklichung einer neuen Kreation" anstrebe, mangele es ihr an dem für die Kunst typischen, schöpferischen Ver-mögen (ebd.).

„Ästhetische Operationen", so Schusters nüchternes Fazit, „sind ein streng geregeltes Handwerk" (ebd., S. 46). Als sei sein Argument in provozierender Absicht gegen Teile der modernen plastischen Chirurgie-Heldengeschichte gerichtet, verweist er auf die zwangs-läufige Kunstferne des Faches: „Kaum ein Operateur wird sich jemals ‚Kreativität' im künstlerischen Sinne anmaßen, auch dann nicht, wenn er seine Arbeit als eine befriedigende Aktivität genießt und es dabei einer Fingerfertigkeit bedarf, die wir gemeinhin als ‚kunst-voll' bezeichnen" (ebd.). Schusters Verdienst liegt darin, die immer wieder beschworene Kunstnähe als eine Form der Zuschreibung kenntlich gemacht zu haben. So wird die Chirurgie zugleich aus der autonomieästhetischen Tradition herausgelöst – und zurück in die Sphäre des All-tags geführt. Sie beansprucht in dieser Perspektive nicht länger den Status des radikal Anderen. Und dies könne eben nur bedeuten: Die Ästhetisch-Plastische Chirurgie steht „im Gegensatz zur Kunst" (ebd.).

Eine solch wohlbegründete Abgrenzung ist alles andere als selbstverständlich, ja oft wird sie sogar kalkuliert in ihr Gegenteil gewendet – wie dies konkret geschieht und welche Folgen daraus erwachsen, darüber denke ich im nächsten Kapitel nach.

Was gibt's im Angebot?

Der sich selbst bestätigende, vermeintliche Triumphzug der Plastischen Chirurgie ist ein Projekt der Imagebildung. In ihr formt sich aus, was in Teilen noch heute nachlebt – und damit indirekten Einfluss auf das ausübt, was sich in den Bildwelten der Sozialen Medien niederschlägt. Bevor ich diese eigens in den Blick nehme, möchte ich zeigen, welche Varianten aus der Image-Geschichte der Kunst-assoziationen übernommen, abgewandelt, neu interpretiert oder schlicht verworfen werden. Klar ist, dass sich die aktuelle Arbeit am Ästhetisch-Plastischen Chirurgie-Image weniger in Schrift-Elaboraten denn in digitalen Formaten vollzieht – vorwiegend und in erster Linie auf den Websites der Praxen und Kliniken. Mit welchen Körperbildern werden Menschen also konfrontiert, wenn sie sich auf die Suche nach einer für sie passenden Praxis oder Klinik begeben? Was begegnet ihnen, wenn sie auf Angebotssuche sind?

Grundsätzlich fallen zwei Dinge ins Auge. Einerseits wollen Kliniken und Praxen mit Nachdruck das Versprechen medizinischer Seriosität vermitteln. Andererseits soll das Erscheinungsbild nicht vollständig in steriler Klinik-Ästhetik aufgehen – möchte man doch eine Wunscherfüllung verkaufen, die der medizinische Sektor seinerseits nicht bereithält. Im Fall einer *Mannheimer Klinik für Plastische Chirurgie* versucht man, beide Aspekte in geradezu prototypischer Weise miteinander zu verbinden – und zwar, indem der Auftritt visuell zweigeteilt wird. (Aus bildrechtlichen Gründen konnte leider kein Screenshot der Website veröffentlicht werden. Daher soll eine Beschreibung des Auftritts die Bildlücke schließen.)

Zunächst zur linken Hälfte der Website: Dort (re)präsentiert der Klinikchef als „Ihr vertrauensvoller Facharzt" das Unternehmen (Hrabowski 2021a). Gekleidet in Arztkittel, steht er in einem cleanen, von Weiß- und hellen Grautönen dominierten Raum. Locker legt er die Hände auf eine Marmorfläche, mutmaßlich im Anmeldebereich. Hier empfängt also die medizinische Autorität. Krawatte und – wie die gleiche Fotografie ohne Banderole auf dem hauseigenen Instagram-Account zeigt – eine auffallend große Armbanduhr signalisieren Exklusivität und Erfolg. Obwohl ein Team in der Klinik arbeitet, tritt auf der Frontpage einzig der geschäftsführende ärztliche Leiter in Erscheinung.

In dieser männlichen Personalisierung des Unternehmens leben Bruchstücke jener Selbstbilder nach, mit denen Mitte des 19. Jahrhunderts versucht worden ist, die Plastische Chirurgie durch Anleihen beim Genie-Mythos aufzuladen. Erinnert sei nochmals an Eduard Zeis' Hinweis, wonach es in jedem Fall „besonder[e] Eigenschaften" brauche, die „den Arzt zum Operateur qualificiren" (Zeis 1835, S. 8). Diese Autoritätssehnsucht scheint auch im Mannheimer Fall aufzublitzen. Zwar gibt es in dieser Inszenierung keinen direkten Hinweis auf einen Kunstbezug. Dennoch ist offenkundig, dass dieser Person eine in mehrfacher Hinsicht zentrale Bedeutung zugeschrieben wird – was nicht zuletzt durch einen in Dauerschleife auf der Website ablaufenden Image-Film unterstützt wird, der den Chef während einer Begrüßung, beim Gang durch die Räumlichkeiten und im Gespräch mit einer Kundin zeigt. Alles scheint auf denjenigen zugeschnitten, der die Schnitte setzt.

In das Bild auf der Hauptseite schiebt sich von links oben zögerlich ein grüner Pflanzenstängel. Soll mit ihm ein Flair von beibehaltener – oder beizubehaltender – Natürlichkeit verströmt werden? Soll dieser botanische Partikel die Gefahr mindern, die Klinik als Herstellungsfabrik künstlicher Körper misszuverstehen? Steht die Pflanze für das Naturschöne im Raum des Kunstschönen? Jedenfalls setzt sie einen farblichen Kontra- und Komplementärpunkt zu einer rechts in das Bild einmontierten, hellroten Plakette. Offenbar handelt es sich um eine Art Auszeichnung für besondere Kompetenzen auf dem Feld der „Brust-Chirurgie", verliehen durch das Magazin *GALA*. Dass hier einem Boulevard-Blättchen überhaupt zertifizierende Kräfte zuerkannt werden, ist bedeutsam. Auf den ersten Blick mag man einen inszenatorischen Selbstwiderspruch erkennen: Unterläuft nicht die Glitzer- und Sternchen-Welt des Magazins den Anspruch auf medizinische Verlässlichkeit?

In diesem Fall, so wäre zu entgegnen, wohl nicht – denn letztlich ist es genau diese Welt, die als Lifestyle-Referenz aufgerufen wird. Es ist daher auch weniger der Inhalt der Plakette, der eine chirurgische Fähigkeit beglaubigt. Prägender dürften die Implikationen sein, die *GALA* als Promi- und Fashion-Magazin einbringt. Entsprechend wuchert die Plakette mit dem Wort „beauty", womit sich wiederum andeutet, dass dieser Begriff für eine ästhetische Idee steht: ‚Beauty' kündet von einem körperlichen – und vielleicht auch emotionalen – Zustand, in dem die Person das Hier und Jetzt verlassen hat und auf die Ebene des Eleganten, Geschmeidigen, Lieblichen, des sanft Entrückten übergewechselt ist.

Mit ‚beauty' wird die Gelegenheit zur Transformation offeriert. So braucht es auch keine weiteren

Erläuterungen, keine Hinweise auf den anzustrebenden Zielbereich. Es genügt, diesen durch das kleine Wörtchen als potenziell erreichbare, für jede und jeden in Sichtweite stehende ästhetische Atmosphäre aufzurufen. Die sogenannte Beauty-Industrie wäre nach dieser Auslegung als ein Wirtschaftszweig zu deuten, dessen Angebote das Hinübertreten in eine Welt gestatten, in der sich Menschen auf eine andere, im Idealfall selbstgewählte und selbstbestimmte Weise erfahren können. Die wie ein Sigel angebrachte Plakette auf der Klinikseite zertifiziert somit auf doppelte Weise: Als Plakette verspricht sie fachliche Güte. Und als ‚beauty'-Zeichen beglaubigt sie die Wahrscheinlichkeit des gewünschten ästhetischen Wandels, versichernd, dass das Angebot auch dorthin führt, wohin man sich mithilfe der Praxis begeben möchte. Als ‚krass' dürfte dieses ‚beauty' demnach nicht wahrgenommen werden. Weniger das Überraschende und Verblüffende soll in den Vordergrund treten, vielmehr wird ein behutsames Eintreten in einen ästhetisch gesteigerten Zustand avisiert.

Doch ist damit nur die Hälfte des Auftritts angesprochen. Auf der rechten Seite der Homepage und damit auf gleicher Höhe zum Chirurgen finden sich vier Bildkacheln. Diese zeigen in Stock-Foto-Ästhetik vier nackte Körper, drei weibliche, einen männlichen. Unterschrieben sind die Darstellungen mit „Meine Brust", „Mein Körper" – dieser dargestellt als männlicher Rücken –, „Mein Gesicht" und „Meine Haut" (Hrabowski 2021a). Es scheint, als werde ein Körper in Einzelstücke zerlegt, sodass man sich nun aussuchen könne, welches der vier Teile chirurgisch bearbeitet werden soll. Mag man im ersten Augenblick wieder zur kulturkritischen Diagnose neigen und etwa monieren, dass der Körper in leicht verkäufliche Einzelwaren zerlegt werde, bieten sich auch hier andere Deutungen an. So ließe sich etwa anführen, dass man in dieser Klinik offenbar nicht mehr von einem geschlossenen Körperbild ausgeht. Stattdessen werden einzelne Partien als Besitzstücke ausgewiesen, die nach eigenem Geschmack entworfen werden können.

In jedem Fall wird der Körper nicht als physische Monade präsentiert, die sich, wenn überhaupt, nur als solche – also im Gesamten – verändern ließe. Stattdessen zeigt man ihn aufgegliedert, möglicherweise darauf reagierend, dass Menschen in aller Regel nicht pauschal ‚ihren Körper' chirurgisch optimieren lassen wollen, sondern das Bedürfnis äußern, Teilbereiche dieses Körpers gewünschten Formen zuzuführen. Die aufgeteilte Darstellung erlaubt somit, persönliche Körpervorstellungen mit einem bereits grob individualisierten und subjektivierten Angebot abzugleichen.

Den Körper in dieser Weise visuell gesplittet, erscheint es naheliegend, dass solche Körpervorstellungen inzwischen auch Gegenstand künstlerischer Auseinandersetzungen geworden sind. Wie produktiv sie auszuschöpfen sind, beweisen die Arbeiten der Fotokünstlerin Karina-Sirkku Kurz. Für ihre Werkserie *SUPERNATURE* hat Kurz plastische Chirurginnen und Chirurgen während der Arbeit begleitet (Abb. 3).

Dabei fiel ihr auf, wie ausschnitthaft die Körper modelliert werden, ja dass sich der gesamte Gestaltungsfokus im Augenblick des Eingriffs auf einen mitunter überaus kleinen Teilbereich des Körpers konzentriert, es also nie um den Körper als solchen geht. Kurz greift dieses plastische Prinzip der Chirurgie in ihrer Bildserie auf, indem sie die Kamera – während der Operationen – ebenfalls auf Körperteile, -stücke, -bereiche und -details richtet. Die hochgradige Ästhetisierung der Fotografien, ihre aseptische Wirkung wird als bildnerische Fortführung des chirurgischen Gestaltungsvorgangs in Szene gesetzt. Zugleich changieren die abgebildeten Körperpartien zwischen physischer

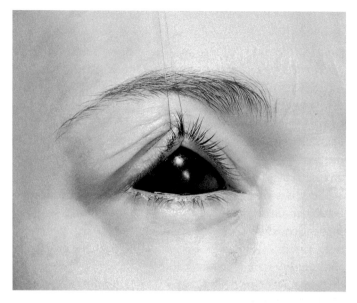

Abb. 3 *Alien Element* (aus der Arbeit *SUPERNATURE*), Fotografie der Künstlerin Karina-Sirkku Kurz. (© Karina-Sirkku Kurz)

Unmittelbarkeit und künstlicher, plastikartiger Distanz. Kurz' Arbeiten kondensieren mit fotografischen Mitteln die Überlappungsgeschichte von Plastischer Chirurgie und bildnerischem Schaffen – und fügen dem Topos von der Künstlerchirurgie eine neue, visuell erfahrbare Bedeutungsebene hinzu.

Vor diesem Hintergrund lässt sich genauer über die Verwendung des Possessivpronomens auf der Mannheimer Praxis-Website nachdenken. „Meine Haut", „Mein Gesicht" deuten ebenfalls an, dass das Kerngeschäft der Ästhetisch-Plastischen Chirurgie in der Konzentration auf das Körperbedürfnis der Kundinnen und Kunden liegt. Der besitzanzeigende Hinweis auf „meine" Körperteile kommt allerdings insofern unerwartet, als die Bilder gerade keine individuellen, persönlichen Körper zeigen, sondern abstrakte Körper in idealgestalteter Ausführung. Sie erscheinen in stellvertretender Rolle, illustrieren Möglichkeiten und vielleicht auch Utopien – und man könnte erneut ableiten, dass Bilder unwirklicher, glatter, makelloser Körper Druck ausübten, normierend wirkten und in die Empfindung eines Defizits investierten. So wird denn auch immer wieder gemahnt und daran erinnert, „dass die Ästhetische Chirurgie keinesfalls versuchen soll oder in der Lage ist, eine Psychotherapie mit dem Skalpell zu ersetzen" (Horch 2001, S. 70).

Gleichwohl wären auch an dieser Stelle andere Auslegungen plausibel: Sind es nicht erst die in der Ferne Stehenden, die Orientierung geben? Sind es nicht sie, die man unbewusst, vielleicht auch uneingestanden schätzt, weil sich überhaupt erst in Auseinandersetzung mit ihnen dem eigenen Wünschen und Wollen Richtung und Verbindlichkeit geben lässt? Und fällt diese Arbeit an der persönlichen Bedürfnisdefinition nicht umso leichter, je schablonenhafter die vermeintlich Idealgestalteten auftreten?

Hinzu kommt, dass Bilder aus sich heraus wohl kaum im Stande sein dürften, Bedeutungen zu setzen – sondern dass es vor allem der sie einbettende Kontext ist, der ihre Wirkung konkretisiert und Funktion bestimmt. So besehen, erfüllen die Mannheimer Körperbilder lediglich jene Erwartungen, mit denen ein Beauty-Angebot in Augenschein genommen wird. Entscheidend ist, dass die Erwartung eines bekannten ästhetischen Merkmals keine automatische Preisgabe eigenständiger Vorstellungen impliziert. Im Gegenteil: Man hat gelernt, sich zu dem, worauf die Sehnsucht gerichtet ist, in Beziehung zu setzen – um pragmatisch zu schauen, was möglich ist. „Um sich dem Optimum anzunähern", gibt der Kunstwissenschaftler Jörg Scheller zu bedenken, „muss mit verschiedenen Voraussetzungen, Parametern und Variablen jongliert werden" (Scheller 2019). Scheller erinnert an den Unterschied von Selbstoptimierung und Selbstperfektionierung: Wo Optimierung versuche, „das Bestmögliche aus sich machen zu wollen", strebe Perfektionierung einen „abstrakte[n] Endzustand an. Alles ist erreicht. Die Perfektionierten stehen auf einem imaginären Gipfel. [...] Das Optimum allerdings ist nicht statisch und abstrakt, sondern bezieht sich auf konkrete lebensweltliche Ziele" (ebd.).

Aus dieser Perspektive wirkt es angemessen, wenn die Texte der Website davon sprechen, dass „die Wünsche[...] des Behandelten [...] im Vordergrund" stünden (Hrabowski 2021b) – was zudem bestätigt, wie konsequent sich das chirurgische Angebot in allgemeinere Formen und Formate der Konsumkommunikation eingliedert. Es wird eine Ware vertrieben, ohne Zweifel – aber diese ist gerade kein „Stilmittel der Propaganda für Körperunzufriedenheit" (Posch 2009, S. 143). Es erschiene als unverhältnismäßig und anmaßend gegenüber den Kundinnen und Kunden, zu behaupten, dass erst und einzig das Angebot das Bedürfnis erzeuge – wobei selbst dies kaum verwerflich sein dürfte: Warum nicht durch äußere Attraktion schätzen lernen, wovon man bislang nichts wusste?

Etwas anders liegt der Fall, wenn das Angebot nicht nur eine bestimmte chirurgische Methode, sondern tatsächlich auch die Körperform umfasst. Das bekannteste Beispiel dürfte die sogenannte „Mang-Nase" sein – die sein namensgebender Urheber auf der eigenen Klinik-Website als „Welt-Berühmtheit in der Nasenkorrektur" anpreist (Mang 2021). Unweigerlich fühlt man sich nochmals an Georg Emmanuel Jäsches Bewunderung aus dem Jahr 1844 für die „Erfindungen der grossen Meister in dieser Kunst" erinnert (Jäsche 1844, S. 4). Der in Mangs Weltberühmtheitsgestus hinterlegte Anspruch führt seinerseits

fort, was den gesamten Auftritt des Unternehmens kenn-
zeichnet. In dessen buchstäblicher Mitte steht „Deutschlands bekanntester Schönheitschirurg" (ebd.), eingerahmt
von zwei Mitgliedern des Klinikteams, präsentiert auf der
Titelseite des Internetauftritts.

Die singuläre Bedeutsamkeit derart gestärkt, baut die
Kommunikationsstrategie auf dem alten Genie-Mythos
auf, um ihm zeitgenössische Wendungen zu verpassen.
Als „ästhetische Rhinoplastik" leiste die Modellierung
der Nase nichts Geringeres als eine „Seelenhilfe mit
dem Skalpell'" (ebd.) – was deutlich machen soll, dass
von einem immerwährenden Ineinander von Innerem
und Äußerem ausgegangen wird. Dieses wiederum trägt
dazu bei, dass die Bearbeitung des Körpers als psychische
Therapiemaßnahme erscheint. Entsprechend wird das
Angebot fast ausschließlich im Duktus der Leidminderung
vorgestellt. Eine fehlgeformte Nase könne „ihrem Besitzer
viel Kummer" bereiten, und die Möglichkeiten zur
Abweichung sind ebenso vielfältig wie offenbar klar identi-
fizier- und benennbar: „Höckernasen, Schiefnasen, Lang-
nasen oder Einkerbungen an der Nasenspitze" seien in
der Lage, „weitreichende psychische, gesundheitliche,
soziale und somit oft auch biographische Folgen für das
Leben der Betroffenen" nach sich zu ziehen. Weiterhin
belasteten „überproportional breite oder schiefe Nasen",
und „manche Menschen leiden so sehr darunter, dass sie
sich – womöglich depressiv – aus dem Sozialleben zurück-
ziehen" (ebd.).

Betont wird ein Schmerz, der Wurzeln in der Erfahrung
einer körperästhetischen Abweichung geschlagen habe.
Durchgehend wird von „Nasenkorrektur" gesprochen
(ebd.), und da bekanntlich nur korrigiert werden kann,
was in irgendeiner Hinsicht nachweisbar falsch ist, wird
jener Normdruck aufgebaut, der an anderen Orten –
wie etwa im Mannheimer Beispiel und in vielen anderen

Klinik-Auftritten – entweder bewusst abgebaut oder sogar vollständig umgangen wird. Zugleich scheint es, als sei der penetrante Fokus auf die Therapiebedürftigkeit wiederum nur ein weiteres Mittel, um die eigene (fachliche?) Güte zu beweisen.

Wo es um „Erhalt" und „Erhöhung der Lebensqualität" geht (ebd.), werden existenzielle Dimensionen ins Spiel gebracht. So stark und stolz sich der Chirurg als medizinische Überfigur in Szene setzt, so angestrengt ist man bemüht, dieser Figur einen möglichst hohen Sockel zu bauen. Es scheint, als künde die Rhino-Dramatisierung vom Bodensee von einem unausgesprochenen Gefühl der Unterlegenheit – vom Eindruck, sich legitimieren, behaupten und mit dem Appel des Wichtigen, Tiefgreifenden umgeben zu müssen. Und spiegelt sich im Wille zur Korrektur nicht zugleich auch jener aus Abgrenzungsbestrebungen geborene Überlegenheitsglaube, dem die Ästhetisch-Plastische Chirurgie in ihrer Geschichte immer wieder anhing? Ständig kippt sie, so scheint es, von Relevanzzweifeln in Unersetzlichkeitsphantasien und wieder zurück. Ihre tatsächliche gesellschaftliche Bedeutung liegt wohl irgendwo dazwischen.

Nicht zuletzt wegen ihrer zweifellos starken Marktstellung ist bemerkenswert, wie die *Bodenseeklinik* die Gestaltungskompetenz ihres Chefs charakterisiert. Im Falle der Rhinoplastik dreht sich alles um die bereits genannte „Mang-Nase", sei sie doch „eine von Professor Mangs Spezialitäten". Man hat es also mit einem Exklusiv- und Superartikel zu tun, denn „mehr Expertise, Routine und Fingerspitzengefühl […] kann man in dieser Angelegenheit lange suchen." Zugleich wird betont, dass bei aller Spezialisierung das eine Körperteil nicht herausgelöst aus dem – in diesem Fall – physiognomischen Gesamtzusammenhang gesehen wird (ebd.).

Der Chirurg veranschlage seine Arbeit an der Nase als „ein ganzheitliches Projekt". Seine Korrekturen am Spezifischen stünden in Beziehung zum Allgemeinen, das Ergebnis füge „sich harmonisch ins Vorhandene". Damit folgt dieser wohl unbewusst anthroposophierende Ansatz einer Figur-Grund-Logik: Eine Nase säße „schließlich mitten im Gesicht", sodass es keine Möglichkeit gäbe, „sie im Alltag auf Dauer [zu] verbergen". Wer sein Nasenleiden überwinden möchte, sei darauf angewiesen, die Zentralfigur in ihren Umraum einzupassen, sie also so umzubauen, dass sie sich „in Form und Größe perfekt zu den Proportionen von Gesicht und Körper des Patienten" einfüge. Wohlgemerkt: Nicht optimal, „perfekt" habe sie sich einzugliedern (ebd.).

Sind damit bereits ambitionierte ästhetische Vorstellungen niedergelegt, verwundert es nicht, dass der „Operateur" neben „jahrelange[r] Erfahrung" und einem „psychologische[n] Feingefühl" ebenso über „eine künstlerische Veranlagung verfügen" müsse. Erst diese ermögliche ihm – bei aller übrigen Fachkompetenz – „nicht zu übertreiben, sondern anzupassen". Die Anspielung auf die Kunst wird als stilistisches Regulativ gegenüber der Suggestion von Perfektion eingeführt, als ausgleichende, die Einzeldinge miteinander versöhnende Fähigkeit. Sie erscheint als Wissen darum, wie sich „Formen und Funktionen, Proportionen und Gesichtsachsen gut in Einklang bringen" lassen (ebd.). Die Umsetzung dieses Wissens bewegt sich demnach zwischen Wunscherfüllung und Normkontrolle.

Stehe einerseits „am Anfang [...] die Frage nach der Wunschnase", um „Einheitsnasen" zu verhindern, gelänge die angestrebte Korrektur andererseits nur, solange „bestimmte Winkel eingehalten" werden. Die Winkelangaben werden in penibler Präzision benannt, wobei es neben den Wünschen der angeblich korrekturbedürftigen

Personen auch geschlechtsbinäre Unterschiede zu berücksichtigen gelte: „Wir empfinden es als ästhetisch, wenn
der Winkel zwischen Nase und Oberlippe bei Frauen
etwa 105 bis 110 Grad beträgt, bei Männern ungefähr
90 bis 95 Grad" (ebd.). Offen bliebt, von welchen Frauen
und Männern die Rede ist, welcher Winkel bei Nasen
von Personen angelegt wird, die sich keinem dieser
beiden Geschlechter zuordnen – und wer eigentlich mit
dem ‚Wir‘ gemeint sein soll: Die Leitung der *Bodenseeklinik?* Alle Fachärzte für Ästhetisch-Plastische Chirurgie?
Am Bodensee lebende Menschen? Oder schlicht alle
Menschen? Wo das Optimum verlassen wird, verliert sich
alles in abstrakter Perfektion.

Mit den beiden exemplarisch betrachteten Klinik-Auftritten stehen sich zugleich zwei Selbstverständnisse der
modernen Ästhetisch-Plastischen Chirurgie gegenüber. Auf
der einen Seite wird unter dem Stichwort der Wunscherfüllung eine Art Authentizitätsversprechen gegeben. Die
partielle Modellierung des Körpers erscheint als Verfahren,
um einen Zustand empfundener Entfremdung schrittweise
überwinden zu können. Wer sich etwa jünger fühlt als der
Blick in den Spiegel suggeriert, erhält Möglichkeiten, den
Körper dem inneren Erleben anzugleichen. Dabei geht es
nicht um das Realisieren normativ definierter Körperform.
Zwar ist nicht auszuschließen, dass bestimmte Attraktivi-
tätsvorstellungen mit spezifischen körperlichen Merkmalen
verbunden werden. Doch ist dies beileibe nichts Ungewöhn-
liches. Körperliche Präferenzen entwickelten sich wohl immer
schon im Spannungsverhältnis zwischen kollektivierten
Formen und persönlichen Bedürfnissen.

Entscheidend ist, dass Angebote, die in dieser Weise
auftreten, von keinem festgelegten oder vorgefassten
Körperbild ausgehen. Stattdessen wird der Körper als Aus-
handlungsobjekt individueller Neigungen akzeptiert. Seine

Teilbereiche erhalten den Status von Entwurfsobjekten – wobei die verdinglichende Konnotation dabei kaum als anthropologische Anmaßung oder Depersonalisierung empfunden werden dürfte. Indem Wandelbarkeit als menschliche Eigenschaft vorausgesetzt wird, kann die anlassbezogene Verdinglichung des Körpers sogar dabei helfen, transformative Potenziale zur Entfaltung zu bringen. Die Beschränkung das Körpers auf das rein Körperliche ermöglicht es, den Körper von einem – wie auch immer beschaffenen – essentialistischen Kern abzulösen, ja ihn durch gezielten Entwurf (wieder) anzueignen. Paradox gesprochen: Körper und Geist werden als getrennt ausgegeben, um den Körper durch chirurgischen Eingriff dem Gewünschten annähern zu können.

Anders im Falle eines Angebots, das mit Winkelmessungen und Korrektur-Bekenntnissen aufwartet. Hier steht weniger die Projektion in ein zukünftiges Selbst im Vordergrund. Vielmehr wird ein defizitärer Zustand angenommen, den es zu heilen gelte. Zwar liegt eine solche chirurgische Praxis durchaus in der Tradition der rekonstruktiven Medizin – doch findet diese als solche wohl nur in Ausnahmefällen konkrete Anwendung. Eher wird ihr therapeutischer Gestus übernommen, um über die Konstruktion pathologischer Zustände eine Konfektionierung des Wohlbefindens zu verkaufen. Was aber folgt daraus? Befördert die Defizit-Rhetorik eine Preisgabe körperlicher Selbstbestimmung? Wird ein schlechtes Gewissen – der Eindruck einer Rückständigkeit – implementiert, um Bereitschaft zu schaffen, mit technologischen Mitteln gewinnorientiert in den Körper eingreifen zu können?

Es dürfte schwerfallen, diese Folgewirkungen gänzlich von der Hand zu weisen. Denn klar ist, dass mit dem Schaffen und Befriedigen solcher Bedürfnisse ein genereller Mechanismus von Konsum- und Warenwerbung zur

Anwendung gelangt. In seiner *Kritik der warenästhetischen Erziehung* hat der Kunstwissenschaftler Wolfgang Ullrich diesen Aspekt vertieft: „Nachdem man die Konsumenten zuerst dazu bringt, das Defizit als besorgniserregend wahrzunehmen, zeigt man ihnen dann eine Möglichkeit auf, das Problem zu beheben" (Ullrich 2013, S. 107).

Exakt dies findet statt, wenn einzelne Körperteile als korrekturbedürftig deklariert werden – wobei die Ästhetisch-Plastische Chirurgie in dieser Hinsicht den „Idealfall" eines Produkts anzubieten scheint. Denn ein solches Produkt „alarmiert und stellt zugleich ruhig, bereitet schlechte Gefühle und ein ‚happy end', lässt ein Kompensationsbedürfnis erkennen und gibt ebenso ein Kompensationsversprechen" (ebd.). Zwar kann man sich aus naheliegenden Gründen keine ‚Mang-Nase' aus dem Verkaufsregal nehmen und ins Gesicht kleben. Doch genügt bereits die Suggestion, der chirurgische Eingriff – das zu verkaufende Produkt – liefere die erforderliche Gegenwirkung, um den zuvor unterstellten Makel aufzuheben. Ullrich plädiert mit Blick auf die Konsumwelt für die Einübung einer „Metaphernethik" (ebd.). Ziel müsse es sein, „die Gefahren zu erkennen, die in Metaphern wie ‚Reparatur' oder ‚Energie' stecken" (ebd., S. 117) – oder eben, dies weitergedacht, in Angeboten, die Körperkorrekturen in Aussicht stellen.

So unterschiedlich die beiden Beispiele ausfallen mögen, so nah stehen sie sich in ihrem Bezug auf das Bild. Die *Bodenseeklinik* wirbt mit der Möglichkeit, „über eine Foto-Simulation" im Vorfeld des Eingriffs prüfen zu können, wie man „mit seiner neuen Nase nach der Nasenoperation aussehen wird" (Mang 2021). Und auf dem Instagram-Account der Mannheimer Klinik werden regelmäßig Videos veröffentlicht, die den Prozess einzelner Behandlungsverfahren dokumentieren. Jeweils präsentiert ein abschließendes Vorher-Nachher-Bild das

Modellierungsergebnis. Erneut zeigt sich, dass das Bild als Referenzgröße konsultiert wird, um das zu überwindende Davor möglichst kontrolliert in ein ersehntes Danach zu verwandeln.

Plausibel ist daher, was der Philosoph Thomas Runkel festgehalten hat: „Ästhetisch-plastische Chirurgie richtet sich auf das Bild, das die betreffende Person von ihrem Körper hat […], und wird als Mittel eingesetzt, um ein bestehendes negatives Bild in ein positives Bild zu verändern" (Runkel 2010, S. 231). Ob tatsächlich jeweils ein negatives Selbstbild auslösend wirkt, muss bezweifelt werden – Veränderungsimpulse sind nicht zwangsläufig auf das Erleben unerwünschter Zustände zurückzuführen. Umso bedenkenswerter ist jedoch, was Runkel im Rückgriff auf eine bereits 1998 publizierte Studie – *Body Image Concerns of Reconstructive Surgery Patients* – vorschlägt: Die Ästhetisch-Plastische Chirurgie könne, so sein Impuls, auch „als ‚Körperbildchirurgie' bezeichnet werden" (ebd.).

Wie ergiebig Runkels Anregung ist und warum vermeintlich glatte Körper keine glatten Theorien erzeugen sollten, davon handele ich im folgenden Kapitel.

Vom Vorher-Nachher zur Ästhetik des Leids

An kaum einem anderen Ort dürften Bilder heute einen so hohen Stellenwert einnehmen wie in den Sozialen Medien. Auf Plattformen wie Instagram, Facebook oder YouTube gehören Bilder zu den selbstverständlichen Kommunikationsmitteln. Sie dienen nicht nur als visuelle Dokumente persönlicher Erlebnisse; zugleich fungieren sie als Instrumente des Austauschs, der Verständigung, der Aushandlung ästhetischer Gewohnheiten und der Bildung von Stilgemeinschaft. Dabei spielen Bilder von Körpern eine Rolle von kaum zu überschätzender Bedeutung. Nie zuvor in der Menschheitsgeschichte war es möglich, derart einfach und schnell Bilder vom eigenen Körper potenziell Millionen Menschen zu präsentieren – und im gleichen Zug die Bilder anderer Körper zu betrachten, zu kommentieren, zu bearbeiten, weiterzuleiten, um schließlich wieder mit Bildern des eigenen Körpers auf das Gesehene zu reagieren. „Digitale Körperbilder", so die Kommunikationswissenschaftlerinnen Maria Schreiber und Gerit Götzenbrucker, „werden immer häufiger zum Medium der reflexiven Auseinandersetzung mit dem eigenen Körper" (Schreiber und Götzenbrucker 2018, S. 30).

Dieser Rückbezug auf den Körper durch das Bild ist wichtig. Denn er hilft zu verstehen, welche Bedeutungen dem von Thomas Runkel aufgegriffenen Begriff der ‚Körperbildchirurgie' zuzusprechen sind. Ein Körperbild mag zunächst eine innere Vorstellung des eigenen Körpers sein. Zugleich lässt sich dieses vorgestellte Bild mit den Bildwelten der Sozialen Medien – und den dort gezeigten Körpern – konfrontieren. Ein Körperbild zu haben bedeutet demnach mindestens zweierlei: Einerseits die bildhafte Vorstellung des eigenen, möglicherweise als ver- änderungswürdig eingestuften Körpers. Und andererseits den Besitz eines äußeren Bildes vom eigenen Körper, etwa in Form eines Selfies. Beide Varianten des Körperbildes sind aufeinander bezogen und bedingen sich wechselseitig: Das gedachte Körperbild ist orientiert an den gesehenen Bildern; und die Erstellung eigener Bilder – Fotografien – soll möglicherweise jenen Körper zeigen, der als Hoffnung vor dem inneren Auge steht.

Schon damit ist klar, dass diese beiden Varianten des Körperbildes von den Ergebnissen der Ästhetisch- Plastischen Chirurgie nicht kategorial zu unterscheiden sind. Eher handelt es sich um graduelle Abstufungen. Mit anderen Worten: Es fällt gar nicht so leicht zu bestimmen, was eigentlich bearbeitet wird, wenn das Körperbild durch chirurgischen Eingriff Änderungen erfährt. Kommt das innere Körperbild zur äußeren Entfaltung? Gewinnt also Form und wird Materie, was bislang nur imaginiert worden ist? Oder verläuft der Einfluss umgekehrt – und das neue Körperbild prägt die Vorstellung vom eigenen Körper, richtet Wünsche und Hoffnungen (neu) aus und modelliert damit, was als eigener Körper bildhaft wahrgenommen wird? Oder verhält es sich nochmals ganz anders – und die immer wieder gesehenen, den Körper täglich umstellenden Bilder schlagen sich im Körper selbst nieder? Wandelt sich der Körper gar zu einem jener Bilder, denen er auf den Sozialen Medien selbst folgt? Dazu im Folgenden drei konkrete Beispiele, beginnend mit einem zunächst unscheinbar wirkenden, tatsächlich aber bezeichnenden Bild-Auftritt.

„Wonderful work Doc!" (Buschmann 2020) – so bedankt sich Fabio De Pasquale, Fitnessmodel und eifriger Social-Media-Akteur, bei seiner Plastischen Chirurgin Alexandra Buschmann. De Pasquale tut dies nicht etwa in einer privaten Nachricht, sondern wählt den öffentlichen Weg, indem er seinen Kommentar auf Instagram veröffentlicht. Damit reagiert er auf einen Post, den die Chirurgin kurz zuvor veröffentlicht hatte (Abb. 4).

Der Post zeigt zwei übereinander gestellte Fotografien seines Gesichts, eines vor, das andere nach der Behandlung. De Pasquale habe sich, so die Chirurgin, „die ersten Zeichen der Zeit unterspritzen lassen". Die beiden Fotografien dokumentieren denn auch in schlagender Eindeutigkeit, was „mit ein paar kleinen Piksern" erreicht worden ist: Durchziehen prä-chirurgisch furchende „Mimikfalten" die Stirnpartie – gewiss zusätzlich durch

Abb. 4 Screenshot eines Instagram-Posts von @frau_dr_busch-mann. (Quelle: https://www.instagram.com/p/CA5O16xiGAx/. © Alexandra Buschmann. Praxis für Plastische und Ästhetische Chirurgie, Berlin: https://www.aesthetisches-chirurgie-zentrum.de/)

Zusammenziehen provoziert –, präsentiert sich dieser Bereich post-chirurgisch in gebügelter Glätte (ebd.).

Die Wirkung wird noch gesteigert, indem der Gesichtsbereich aus jeweils leicht unterschiedlichen Winkeln fotografiert worden ist. Vor der Behandlung fokussiert der Ausschnitt auf Stirn und Haaransatzlinie, sodass dieser Teil des Kopfs dominant hervortritt und als markante, ja prägende Fläche des Gesichts auffällt. In der darunterliegenden Darstellung zeigt sich der Kopf weiter nach hinten geneigt, die Kameraperspektive hat sich herabgesenkt und fast schon auf Höhe des Gesichts begeben, die Profillinie tritt daher klarer hervor. Andere Partien des Gesichts – Nase, Mund, Kinn – gewinnen an ästhetischer Bedeutung, die Rolle der Stirn ist relativiert.

Deutlich wird, dass die Art und Weise der bildlichen Darstellung an der Wirkung, die das Ergebnis der

Behandlung entfaltet, beteiligt ist. Auch in diesem Fall lädt die Konfrontation der beiden Gesichtszustände zu vergleichendem Sehen ein: Unterschiede und Gemeinsamkeiten können mit raschem Blick erfasst werden, und das Ergebnis der Unterspritzung erscheint im Kontrast zur Ausgangslage. Ja mehr noch: Nur weil das Gesicht auch im Zustand vor dem Eingriff zu sehen ist, kann der Eingriff als solcher überhaupt nachvollzogen werden. Ein bloßes Bild der faltenfreien Stirn – ohne Vergleichsmöglichkeit mit dem Davor – wäre wohl allenfalls Expertinnen und Spezialisten als Dokument einer Behandlung aufgefallen. So aber können sich selbst Laien eine Meinung bilden, was im Post auch dezidiert gewünscht ist: „Wie findet ihr das Ergebnis?" (ebd.), fragt die Chirurgin, am Ehrgeiz kitzelnd, sich mit bewertenden Einlassungen zu äußern.

Diese kamen denn auch prompt. „Es ist sooo gut geworden, [...] Du bist einfach die Beste!", lobt beispielsweise die Partnerin des Behandelten. Ihr Kommentar dürfte von besonderem Gewicht sein, ist es doch sie, die das Ergebnis wohl direkter als andere und entsprechend oft unter die Lupe nehmen kann. Hinzu kommt, dass sie auf Instagram mit über Hunderttausend Followern erfolgreich ist, was ihrer Bewertung erst recht Zertifikationskraft verleihen dürfte. „Sooooo mega", sekundiert eine andere Userin, darauf verweisend, dass in ihrem Fall ebenfalls bald wieder Einsatz nötig sei: „Ich brauch auch dringend wieder eine Behandlung – meine Stirn macht schon wieder was sie will", was die Chirurgin wiederum als Gelegenheit aufnimmt, mit einem direkten Signal der Machbarkeit zu reagieren: „Das kriegen wir doch locker hin" (ebd.).

Deutete sich damit ungeteilte Begeisterung an, brachten sich in der Folge auch andere Stimmen ein. „Sry, aber ich finds vorher schöner", meint etwa ein Kommentar, eine Einschätzung, die ebenfalls einige Bestätigung erfährt und mit einem unmittelbaren „Du hast so recht" unterstützt wird. Und eine weitere Person bekräftigt: „Finde ich vorher optisch einfach schöner" (ebd.). Die Kombination aus Bild und durchaus differenzierenden Texten wirft demnach mindestens zwei Fragen auf: In welche ästhetische Kultur gliedert sich ein solcher Post eigentlich ein? Und spezifischer: Was bedeutet es, wenn chirurgisch erzeugte Glätte als körperästhetischer Vorzug geschätzt wird?

Zunächst zur Eingliederung des Posts, bei dem es zu berücksichtigen gilt, dass hier ein privates Unternehmen seine Produktvorzüge öffentlich (mit)teilt: Offenbar soll über einen Bildvergleich die besondere Leistungsfähigkeit ersichtlich werden. Dies wird auch dadurch unterstrichen, dass der Post aus insgesamt fünf Fotografien besteht. So werden neben dem Vorher-Nachher-Effekt auch einzelne Behandlungsschritte gezeigt. Zu sehen ist etwa, wie zwei Hände, verpackt in rosa OP-Handschuhe, sanft auf das Gesicht zugreifen und wie – in einem weiteren Bild – eine Spritze im Bereich der Augen angesetzt wird. Diese Fotografien, so nebensächlich und unspektakulär sie auch erscheinen mögen, deuten an, welche Rolle der Ästhetisch-Plastischen Chirurgie zuerkannt wird: Ihre spezifischen Verfahren und Möglichkeiten werden exponiert, um an Bildern des Körpers die Kraft zur Veränderung aufzuweisen. Der Körper erhält den Status eines Objekts der Demonstration. Er ist sowohl Ziel als auch Beispiel des Eingriffs.

Kritische Einwände mögen darin einmal mehr die Verdinglichung des Menschen sehen – und entsprechend scharfe Kritik üben: Wird die hier vorgeführte Person nicht auf ihre nur angeblich zu bearbeitende Stirn reduziert? Was bleibt von der Person, wenn sie mit dem einzigen Ziel in das Bild gesetzt wird, die Herstellung einer Oberflächenspannung zu belegen? So nachvollziehbar solche Bedenken auch sein mögen, so klar zielen sie an der Sache vorbei – vor allem, weil sie ausblenden, in welchem medialen Umfeld solche Bilder in Umlauf gebracht werden. Einen ersten Hinweis auf den ästhetischen Kontext mag die Verlinkung auf den Instagram-Account des Behandelten geben. Dort zeigt sich De Pasquale von seinen allerbesten Seiten. Wiederholt taucht er seine muskulöse Bauchdecke in dramatisches Licht. Und wenn der Körperarbeiter einmal nicht im Fitnessstudio am Skulpturenwerk feilt oder mit offenem Hemd – zweifelnd, ob er zugreifen darf – vor einer süßen Nachspeise sitzt, präsentiert er sich mit Motorrad oder Freundin, die ihrerseits, wie angedeutet, als „mrs. marlisa" um ein Vielfaches erfolgreicher als ihr Partner auf der Plattform agiert.

So zeigt auch sie sich auf ihren Social-Media-Accounts – besonders umfangreich auf YouTube – immer wieder mit der Chirurgin Buschmann. Anfang 2021 dokumentiert sie in einem Video ein Vorgespräch zu einer Lipödem-Operation, bei der durch eine spezielle Technologie Fettgewebe erst gelöst und dann abgesaugt wird. Wenige Tage später folgt ein zweites Video, in dem sie sich in den Behandlungsräumen unmittelbar vor dem Eingriff filmt, gefolgt von der Behandlung selbst, die verblüffend detailreich gezeigt wird, bis die Person schließlich aus der Narkose erwacht und die Nachsorge bespricht. Noch sichtbar unter dem Einfluss des Anästhetikums stehend, wird bereits in diesem Gespräch die Rolle der Bilder thematisiert: Sie solle sich, so der ärztliche Rat, jetzt sofort und dann einen Monat später nochmals fotografieren. Ansonsten drohe Gefahr, die Veränderung als solche gar nicht registrieren zu können – woraufhin die Behandelte bemerkt, dass sie bereits im Vorfeld Bilder erstellt, die visuelle Dokumentation also bereits sorgfältig geplant habe. Einmal mehr verschränken sich Bilder und körperliche Modifikationen so eng miteinander, dass kaum mehr zu unterscheiden ist, um welches Körperbild es nun genau geht.

Vor allem aber öffnet sich durch diese Verlinkung in die unterschiedlichen Social-Media-Kanäle eine weitverzweigte Welt geteilter Chirurgie-Fotos und -Videos. Die Präsentation der geglätteten Stirnpartie ist nur kleiner Bestandteil eines breiten ästhetischen Zusammenhangs. Sein hervorstechendes Merkmal liegt in der Konzentration auf Körper, die als zu gestaltende Objekte begriffen und mit ganz unterschiedlichen Bedeutungen versehen werden: Fitnessaspekte und Anleihen beim Bodybuilding verbinden sich mit Reflexionen über Form, Attraktivität und Wohlbefinden von Körpern, die ihrerseits ergänzt werden durch – politisch konnotierte – Plädoyers für *Body Positivity* und Körperakzeptanz. Hinzu tritt die dauernde Integration von Konsumartikeln, die – im Falle erfolgreicher Accounts – über ein Influencer-Marketing als Werbeobjekte eingeführt werden und somit ebenfalls Kommentare, Abgrenzungen und Gefühle des Dabeiseins herausfordern.

Und gerade diese Nähe zwischen physisch gestalteten Körpern und gezielt präsentierten Warenprodukten legt nahe: Man bewegt sich in einem medialen Raum, in dem Projektionen verwirklicht und Fiktionen ausgelebt werden. Es kommt demnach gerade nicht zur Reduktion der Person auf einen künstlich objektifizierten, verdinglichten Körper. Stattdessen unterstützen die Versprechen der Ästhetisch-Plastischen Chirurgie den Wunsch nach sinnstiftender Arbeit am Körper. Diese ist zwar eine äußerliche, unbestritten, damit aber nicht automatisch eine oberflächliche. Denn indem sie das Äußere verändert, ermöglicht sie, den Körper in neue Beziehungen zu setzen, ihn in Stilgemeinschaften einzugliedern, die sich eben nicht nur über Körper definieren – sondern, umgekehrt, Körper als Elemente einer allgemeinen Suche nach Identifikation, Zugehörigkeit, Austausch und Anerkennung einstufen.

Und geht es damit nicht genau um jene sozialen und persönlichen Bedürfnisse, die auch von kulturkritischer Seite immer wieder als erstrebenswert und verteidigungswürdig angemahnt werden? Löst sich in diesen Social-Media-Beauty-OP-Kontexten nicht in ähnlicher Weise ein, was sich andere von Theaterbesuchen, einem Urlaub, Goethe-Lektüren oder guten Gesprächen mit Freunden erhoffen? Handelt es sich nicht jeweils um den Versuch, sich als Bestandteil eines Erlebnisses zu identifizieren, indem etwas bewusst in Form gebracht wird?

Im Fall der Schönheitschirurgie ist es bezeichnenderweise die Form, die immer wieder zum Einspruch motiviert. Mit Blick auf das vorliegende Beispiel – und anknüpfend an die oben gestellte Frage – ließe sich überlegen: Aus welchen Gründen wird eine geglättete Stirnpartie positiv bewertet? Wie gesehen, werden selbst in Reaktion auf den kleinen Instagram-Post unterschiedliche Wertungen eingebracht. Es wäre also unangemessen, einem solch spezifischen Merkmal normsetzende Wirkungen zuzusprechen. Gleichwohl werden Faltenunterspritzungen aktuell stärker als alle anderen Beauty-Angebote nachgefragt. In Deutschland rangierte diese minimalinvasive Arbeit im Jahr 2020 sowohl bei Behandlungswünschen als auch bei durchgeführten Eingriffen mit jeweils deutlichem Abstand auf dem ersten Platz (vgl. DGÄPC 2021, S. 4 f.), wobei Männer Botox- gegenüber Filling-Behandlungen zu bevorzugen scheinen. Das Glatte, so darf man schließen, erfreut sich größter Beliebtheit, sodass auch auf Instagram die allermeisten Vorher-Nachher-Posts Falten- mit Glattgesichtern vergleichen. Inzwischen bildet dieser Bildtypus das unbestrittene Social-Media-Markensignal der Ästhetisch-Plastischen Chirurgie.

Der Philosoph Byung-Chul Han wartete 2015, als es ihm um *Die Errettung des Schönen* ging, mit einem dramatischen Befund auf: „Der Körper befindet sich heute in einer Krise" (Han 2015, S. 23). Als Gründe führt Han unter anderem die beiden Bereiche an, die auch vorliegend zur Debatte stehen. So erscheint ihm – zum einen – „der glatte Körper" (ebd., S. 21) als Produkt, das kein Geheimnis mehr kenne und somit „jeder Form von Negativität" beraubt sei: „Gerade die depilierte Haut verleiht dem Körper eine pornographische Glätte, die als rein und sauber empfunden wird" (ebd., S. 18). In einem Interview ein Jahr zuvor hatte sich Han sogar direkt auf die Plastische Chirurgie bezogen: „Das Positive, das Glatte, das Gesunde von heute hat etwas Lebloses, wie ein mit Botox behandeltes Gesicht" (Zaugg 2014, S. 9). Ist nicht von der Hand zu weisen, dass ein Gesicht je nach Einsatz nervenlähmender Gifte den Eindruck gefrorener Erstarrung vermitteln kann, bleibt umgekehrt fraglich, ob damit zugleich Todesassoziationen einhergehen. Immerhin ist die Wirkung eines Gesichts hochgradig davon abhängig, in welchem Kontext und zu welchem Anlass ihm – im Biergarten, auf einem Facebook-Profil, im Film, beim Joggen, Essen, Sex? – Aufmerksamkeit zuteilwird.

Für Han bedeute dieser „Hygienezwang" jedoch „das Ende der Erotik" (ebd.), ja der Körper „zerfällt nicht nur zu pornographischen Körperteilen, sondern auch zu digitalen Datensätzen" (Han 2015, S. 23). Demnach verweise – zum anderen – vor allem „die Selfie-Sucht […] auf die innere Leere des Ich. Das Ich ist heute sehr arm an stabilen Ausdrucksformen, mit denen es sich identifizieren könnte, die ihm eine feste Identität verleihen würde" (ebd., S. 22). Desillusioniert beklagt Han das Erstarken des Scheins bei gleichzeitigem Niedergang des Eigentlichen: „Heute hat nichts Bestand", das „Ich" wurde

„destabilisiert, verunsichert" (ebd.). An der „Ästhetik des Glatten" zerbreche jede Verbindlichkeit (ebd., S. 25).

Hans Essay liefert ein Paradebeispiel dafür, wie eine ungenaue Beobachtung der Sache zu Schlussfolgerungen verleitet, die mit der Sache selbst kaum etwas zu tun haben. So sehr Hans Diagnose der kulturellen Karriere glatter Körper zutrifft, so umfassend verkennt er, dass Glätte dabei gerade nicht als Verlust an Innerlichkeit in Erscheinung tritt – und auch nicht als solche wahrgenommen und angeeignet wird. Hans Drang nach Essentialisierung der Form – und damit auch der Körper – verstellt ihm den Blick auf die Produktivkräfte, die das Fluid-Werden von Wesen und Merkmalen freisetzen. Anders formuliert: Indem Identitäten destabilisiert und weniger als gott- oder gengegebene Verpflichtungen gesehen werden, bilden sich neue Möglichkeiten des Identitätsentwurfs.

Das körperästhetische Merkmal der Glätte tritt folglich als ein (!) Bestandteil im Ensemble der gestalterischen Optionen auf und ist, wie gesehen, keineswegs unumstritten. Aus dem Einsickern der Ästhetisch-Plastischen Chirurgie in die Bildwelten der Sozialen Medien lässt sich das wohl stärkste Argument gegen Hans Entfremdungsdiagnose ableiten: Der Wunsch nach Selbstentwurf – zugleich die Sehnsucht nach Abschied vom Festgelegten – erweist sich als so umfassend und entschlossen, dass Körper physisch geformt werden, um durch Bilder dieser Körper neue Gelegenheiten zur Auseinandersetzung zu schaffen. Es sind, neutral betrachtet, lediglich „medizinische Körperveränderungen", die „Haut und Fleisch zum Design werden" lassen (Rüter 2002, S. 165).

Dazu gehört auch, dass – wie oben angedeutet – längst nicht nur Kliniken und Praxen Bilder posten, um ästhetisch-plastische Eingriffe zu thematisieren. Oft genug sind es Privatpersonen, die ihren operierten Körper zeigen. Ebenso offensiv wie selbstverständlich rücken sie entweder die anstehende oder die jüngst vollzogene Operation ins Zentrum der Aufmerksamkeit. Der Eingriff wird als Zeichen eines glücklichen Moments gedeutet. Man fiebert auf ihn hin, und Spannung baut sich über Tage auf. Entsprechend gelöst zeigen sich die frisch Operierten – und es fällt auf, dass man die unschönen Folgen der Operation immer weniger unterdrückt, kaschiert, verdrängt, ausblendet oder tabuisiert. Bleiben in der unmittelbaren Folge der Eingriffe oftmals Narben, Blutergüsse, Schwellungen und andere Deformationen zurück, erstaunt es umso mehr, dass Bilder aus dieser Phase der Heilung sehr beliebt sind – und es stellt sich erneut eine einfache Frage: Warum nehmen Menschen Schönheitsoperationen auf sich, wenn sie sich anschließend in körperlichen Verfassungen zeigen, die einigermaßen er- und abschreckend wirken?

Auch dazu ein Beispiel: Michaela Hubmer, Inhaberin eines österreichischen Shops für handgefertigte Baby- und Kinderartikel, betreibt einen Instagram-Account. Auf diesem werden vor allem Kinder- und Familienszenen gezeigt, allesamt professionell aufgenommen und in weiche, pastellartige Töne getaucht. Mal sieht man Kinder beim Spielen im Schnee, ein andermal die Familie bei einem festlichen Anlass, und oft sind es Fotografien von Urlaubserlebnissen und anderen außeralltäglichen Gelegenheiten, die ein Flair von Harmonie, Glück, Zufriedenheit und Ordnung verströmen. Umso überraschender wirkt da ein Post von Anfang 2021 (Abb. 5).

Auf diesem Foto zeigt sich die Mutter in einem Nahporträt mit zwei ihrer Kinder. Den Kopf zur Seite geneigt, überziehen große, teils dunkle, schwulstige Nähte ihre Augenlider. Es scheint, als koste es sie Mühe, sich zu einem Lächeln durchzuringen. Oder hat sie sich eine

zirbelkind · Abonnieren ···

zirbelkind #schönheitsoperation ein heikles Thema und nicht jedermann kann damit umgehen oder es verstehen 🙈 Mir persönlich war es ziemlich egal wie andere damit umgehen und ich für mich selbst hab über 1,5 Jahre überlegt und dann den Schritt für mich gewagt. Viel wichtiger war für mich , wie gehen meine Kinder damit um, wenn die Mama auf einmal wie ein Zombie nach Hause kommt 😬 Ich habe zwar versucht sie darauf vorzubereiten - mein Anblick ist ja momentan wirklich nicht schön - aber trotzdem ist jedes Kind damit anders umgegangen, als es dann wirklich so war😅 Unsere kleinste Maus hat mich immer nur bemitleidet und gesagt „Mama AUA", Luis meinte Bähh das

Gefällt 786 Mal

21. FEBRUAR

Kommentar hinzufügen ...   Posten

Abb. 5 Screenshot eines Instagram-Posts von @zirbelkind. (Quelle: https://www.instagram.com/p/CLkJAVvlG8V/. © Michaela Hubmer. Zirbelkind in Altmünster: https://www.zirbelkind.at/

Art Mimik-Askese auferlegt, sich sorgend, dass das noch fragile Gebilde durch überstarke Bewegungen zerstört werden könnte? Die Kinder wirken währenddessen unbeschwert, offenbar erfreuen sie sich der Situation und reagieren verschmitzt.

„Schönheitsoperation", so wird der nebengestellte Kommentar eingeleitet, sei „ein heikles Thema[,] und nicht jedermann kann damit umgehen oder es verstehen" (Hubmer 2021). Sie selbst, Michaela Hubmer, habe „über 1,5 Jahre überlegt und dann den Schritt für [sich] gewagt". In einem längeren Bericht schildert sie die unterschiedlichen Reaktionen ihrer Kinder auf den Anblick nach der Operation. Und sie schließt, indem sie darauf verweist, sich von voreiligen Beurteilungen freizumachen und den eigenen Impulsen zu folgen: „Es ist mein Körper und meine Entscheidung gewesen", und so sei sie „glücklich darüber", die Sache in Angriff genommen zu haben (ebd.).

Zeitgleich schaltete sie eine Instagram-Story. Täglich um neues Material ergänzt, umspannt die Story in siebzehn Kurzvideos die Zeit von der Ankunft in der Praxis über die Phase unmittelbar nach der Operation bis zu den Tagen der Regeneration. Im Zentrum steht die Dokumentation des Heilungsprozesses und die persönliche Auseinandersetzung mit den Folgen des Eingriffs. Das Gesicht, noch Tage später massiv in Mitleidenschaft gezogen, sieht wie verprügelt aus – ein Eindruck, der insofern unterlaufen wird, als die Person immer offener ihre Freude mitteilt und zunehmende Zufriedenheit bekundet. Nicht ausgeschlossen ist, dass das Ausstellen der eigenen Verletzungen und Verletzlichkeit dazu beiträgt, normative Annahmen zu irritieren. Jules Sturm führte in diesem Zusammenhang den Begriff „vulnerable aesthetic" ein (Sturm 2014, S. 77), darauf zielend, die Aneignung des Körpers als einen grazilen und entsprechend herausfordernden Prozess zu beschreiben. Denn der ästhetische Ansatz einer nicht-normativen Verkörperung stehe in ständiger Beziehung zu Fremd- und Eigenerfahrungen: „Here we come to an aesthetic conception that allows us to look differently at non-normative embodiment, beeing responsive to the other's experience as well as to one's own susceptibility to difference" (ebd., S. 82).

Zusätzlich spielt eine solche Inszenierung mit dem Reiz wagemutiger Unternehmungen. Erscheint die Instagram-Story nicht wie die popkulturelle Variante eines Abenteuerromans? Eine Person tritt aus ihren gewohnten Alltagszusammenhängen, um sich an einen Ort zu begeben, der durchaus mit persönlicher Gefährdung verbunden ist. Der Ausgang kann, bei aller chirurgischen Zusicherung, nicht vollständig überblickt werden, und so braucht es Risikobereitschaft, um sich einzulassen. Weniger der Eingriff selbst als die Tage danach weisen die Person als heldenhaft aus. Stoisch und von Zuversicht getragen durchlebt sie schmerzvolle Phasen, und stets ist ihr Handeln vom Blick auf das Allgemeine gekennzeichnet. Die Sichtbarmachung des fragilen Körpers steht unter dem Anspruch, ein Zeichen gegen Normierung, Vorverurteilung und Abwertung zu setzen: „Jeder sollte so reagieren dürfen wie es für ihn passt – das gilt auch für die Erwachsenen" (ebd.). Demnach ist nachvollziehbar, warum sich in den Kommentaren durchgehend Bewunderung, Glückwünsche und Bestätigungen, die richtige Entscheidung getroffen zu haben, finden.

Die Einlösung des scheinbar Erwarteten sollte allerdings nicht dazu verleiten, die körperästhetische Bedeutung einer solchen Bildinszenierung zu unterschätzen. Denn offenkundig verbinden sich in den Sozialen Medien mit der Ästhetisch-Plastischen Chirurgie entweder neue oder bislang übersehene Möglichkeiten. Bezogen auf den spezifischen Fall: So geschunden der frisch operierte Körper einerseits anmuten mag, so fein arrangiert, so klug geplant und so beharrlich um immer neue Bilder ergänzt stellt er sich andererseits dar. Erst durch diese Inszenierung erhalten andere Einblick in eine Transformationsphase. Und nur so können sie ein wenig mitleiden, die Hoffnung teilen, Zuspruch senden und reflektieren, welche Haltung sie gegenüber dem Thema einnehmen wollen.

Die Journalistin Melanie Mühl hat auf den möglichen sozialen Gewinn solcher Darstellungen aufmerksam gemacht: „Auf der amerikanischen Homepage realself. com berichten Frauen (und wenige Männer) erstaunlich offenherzig über ihre Schönheitsoperationen, viele posten Fotos, die sie nach der ästhetischen Körpermodellierung (beispielsweise einem Mommy Makeover, also einer Rundumerneuerung) mit geschwollenen, von Blutergüssen und

Nähten gezeichneten Körpern zeigen, stolz, dass sie die Prozedur überstanden haben" (Mühl 2020). Die vermeintlichen Lasten, die diese Personen auf sich nehmen, werden daher umso mehr als wertvolle Zeichen authentischer Augenblicke gelesen.

Vielleicht fühlen sich manche beim Betrachten dieser Bilder sogar dazu veranlasst, Schönheit vom Vorwurf, nur Ausdruck hohlen Scheins zu sein, zu entlasten. Solche Auftritte sind jedenfalls eindeutig gegen den immer wieder behaupteten „Trend" gerichtet, „Verschönerungen nicht erkennbar sein zu lassen, sie zu verheimlichen, das eigene Auftreten als Produkt des Zufalls darzustellen und die scheinbare Unbeschwertheit im Umgang mit seinem Aussehen zu demonstrieren" (Posch 1009, S. 134). Solche Darstellungen brechen mit dem von Boris Groys identifizierten und eingangs zitierten Drang zum chirurgischen ‚Null-Design'. Indem die Story im erwähnten Beispiel jeden Tag aufs Neue suggeriert, dass man nichts vorspielt, erhält die körperliche Veränderung eine performative Beglaubigung. Der Schmerz, das Blut, die Schwellung, die erst zerschnittene und dann umso frischer wirkende Augenpartie – dies alles sind Körperbilder, über die sich das gewünschte Aussehen Schritt für Schritt zu verwirklichen scheint. Die Suggestion eines im Schön(er)werden begriffenen Körpers stärkt das Vertrauen in die Schönheit selbst, die freilich als solche noch nicht vor Augen steht – aber umso lebhafter innerlich vorzustellen ist.

Vor diesem Hintergrund lässt sich nochmals differenzierter über den Begriff der ‚Körperbildchirurgie' nachdenken. Zur Erinnerung: Die Plastischen Chirurgen des 19. Jahrhunderts waren ergriffen vom Eindruck, Baumeister der Natur zu sein – um nicht gegen die Natur agieren zu müssen, sondern in dauernder Rückkopplung mit ihr arbeiten zu können. Manche hielten sich für Vollender des Naturwerks, andere sprachen sich die Fähigkeit zur perfektionierenden Überarbeitung – zur Korrektur der Schöpfung – zu. Gleichwohl hofften sie, die Triebkräfte der Natur mögen ihr Kunstwerk durch nachträgliche Heilung legitimieren. Was nicht anwuchs oder über den Lauf der Zeit wieder verkümmerte und abstarb, musste, so die selbstentlastende Idee, auf das Konto der Natur gehen. Angeblich mangelnde Kooperationsbereitschaft konnte schließlich äußerst folgenreich sein und war entsprechend unentschuldbar.

Übertragen auf die Sozialen Medien wäre zu erwägen, ob hier nicht Bilder jene Rolle einnehmen, die vormals der Natur zugewiesen worden ist. Schließlich muss sich das angestrebte Chirurgie-Ergebnis auch und gerade unter dem Auge der Kameralinse beweisen – und die Bilder, die sie produziert, entscheiden je nach Situation darüber, ob sich realisieren ließ, was in Aussicht gestellt worden war. Nicht auszuschließen, dass ein Ergebnis, das nicht den gewünschten Vorstellungen entspricht, einen Streit darüber auslöst, welcher Faktor, welcher Umstand, ja wer nun genau verantwortlich zu machen sei.

Hat man sich beim chirurgischen Eingriff schlicht vermodelliert? War's ein gewöhnlicher Kunstfehler? Oder hat die Chirurgin oder der Chirurg bei der Arbeit am Fleisch blöderweise vergessen, dass sich der Körper auch in dessen eigenem Bild als geglückt erweisen muss – und wurden daher unter falschen Annahmen falsche Akzente gesetzt? Kann es sein, dass ein ästhetisch-plastisches Ergebnis im *Real Life* überzeugt, im Digitalbild aber enttäuscht? Was, wenn es dem Körper nach dem Eingriff – immer noch oder jetzt erst recht – an *Instagrammability* mangelt? Können sich Chirurginnen und Chirurgen in diesem Fall auf mangelnde Bildkompatibilität berufen – und zu bedenken geben, dass für diesen speziellen Eingriff eine bessere, neuere Kamera oder ein anderer Filter vonnöten sei? Kurzum: Müssten Beauty-OPs nicht immer auch konzentrierte Bildabwägungen und Medienüberlegungen umfassen, um Enttäuschungswahrscheinlichkeiten zu minimieren?

Dazu ein letztes Beispiel: 2020 bat eine Instagram-Userin ebenso lakonisch wie knapp um Entschuldigung für eines ihrer Bild-Posts: „Sorry, hatte kein besseres Bild gefunden" (Reuter 2020). Gemeint war eine Fotografie, die als Vorher-Bild zur Präsentation eines Chirurgie-Ergebnisses konsultiert wurde (Abb. 6). Knapp bekleidet soll ersichtlich werden, dass die Brustoperation den erhofften Erfolg erbracht hat. Bei den allermeisten Vorher-Nachher-Bildern wird bekanntlich penibel darauf geachtet, jeweils den gleichen Körperausschnitt unter ähnlichen Lichtbedingungen zu zeigen.

Solche Fotografien erinnern daher immer auch ein wenig an eine Verwaltungs- oder Bürokratieästhetik.

Abb. 6 Screenshot eines Instagram-Posts von @luises_wunderbare_welt. (Quelle: https://www.instagram.com/p/CCBzpfMqlB7/. © Luise Reuter)

Man ist bestrebt, Störendes, Überflüssiges, Ablenkendes auszuschließen und sich in sachlicher Nüchternheit auf das relevante Körperteil zu fokussieren. Oft tragen eigens erstellte Vorher-Bilder den Charme spröder Produktfotografien, wie sie etwa in den letzten noch verbliebenen Haushaltskatalogen oder Handwerksmagazinen anzutreffen sind. Nicht zuletzt stehen diese Darstellungen in einer langen medizingeschicht-lichen Tradition, deren Bildinteresse sich immer wieder um eine „Anfertigung einheitlicher und vergleichbarer Vorher-Nachher-Bilder" bemüht hat (Siessegger 2016, S. 86). Der Wille zum Vergleich tilgt die Freude an der Dekoration.

Werden Vorher-Bilder in der Regel einzig zu eben diesem Zweck, als Vorher-Bilder zu fungieren, auf-genommen, liegen die Dinge in diesem Fall – wahrschein-lich – anders. Da das Vorher-Bild mutmaßlich nicht mit dem Ziel entstanden ist, als Vergleichsbild herhalten zu müssen, sah sich die Person möglicherweise aufgefordert, sich für das Nachher-Bild in zumindest entfernt ähn-liche Pose zu begeben und die Wahl von Kleidung und Hintergrund zumindest lose darauf abzustimmen. Die Komplementarität vollendet sich, indem die Fotos in spiegelbildlicher Verkehrung einander konfrontiert werden. Das erneute Herauskramen und Aufblasen des Wasserballs mag derweil allzu abwegig erschienen sein.

Dies angenommen, läge der interessante Fall vor, dass ein Bild aus der Vergangenheit mit darüber bestimmt, wie das Ergebnis einer Schönheitsoperation in Szene gesetzt wird – und somit Einfluss auf die Wahrnehmung des erfolgten Eingriffs ausübt. Die ‚Körperbildchirurgie' würde sich demnach nicht gänzlich unabhängig von jenen Bildern entfalten, die bereits vom zu gestaltenden Körper existieren – und dies wiederum in doppelter Hinsicht: Sowohl die äußeren Bilder, *Pictures,* als auch die inneren *Images* könnten als einflussreiche Faktoren wirksam werden. Dies aber hieße, dass sich Körpermodellierungen

notwendigerweise in sehr engmaschige Bildgefüge eingliedern. Ja dass das jeweils aktuelle Körperbild immer
auch manche jener Bilder miteinschließt, die dem Körper
vorausgehen.

Neben diesen Bildverwicklungen fällt in diesem Post
aber noch ein anderer Aspekt auf – nicht im Bild selbst,
sondern in einem Kommentar auf dieses. Es handelt sich
dabei um das banal und trivial klingende, inzwischen
ebenso geläufige wie alltägliche Wörtchen „krass". Im
Zusammenhang des Kommentars tritt es wie folgt auf:
„Krass, ich dachte, du hast einfach durch die Stillerei mehr
Brust bekommen. Ich finds mega. Die Tatsache an sich,
daß du dazu stehst und natürlich die Brüste selbst. […]
Daran ist absolut nichts verwerfliches […]. Also Mädels,
traut euch, wenn ihr unglücklich seid" (Reuter 2020).
Damit reagiert die Kommentatorin in unterstützender
Weise auf eine Passage im ursprünglichen Post, in dem die
Userin ihrerseits ausführt, dass es bitte „jedem selber über-
lassen" sein solle, „was er für operative Eingriffe an sich
vornimmt" (ebd.).

‚Krass' – wie leicht ist es zu überhören, wie rasch hat
man es überlesen. Dabei verbirgt sich einiges hinter diesem
Begriff. Mit ‚krass' bekundet ein Mensch Erstaunen und
Verwunderung. Man zeigt sich verblüfft, möglicherweise auch beeindruckt: Damit hätte man nun wahr-
lich nicht gerechnet! Zugleich unterscheidet sich ‚krass'
vom etwas stimmungsvolleren und mindestens ebenso
oft im Ästhetisch-Plastischen-Chirurgie-Social-Media-
Kontext bemühten ‚Wow'. ‚Wow' bleibt vergleichsweise
unspezifisch, verharrt beim Sprechenden, ist mehr Affekt
denn Wertung, wohingegen ‚krass' bereits eine leichte
Zuschreibung gegenüber einer Sache oder Person vornimmt. ‚Krass' sind definitiv nicht alle, sodass sich mit
‚krass' eine soziale und ästhetische Distinktion andeuten
lässt. Wessen Brust-OP ein ‚Krass'-Zertifikat erhält, hat

somit auch die Bestätigung erworben, die erstrebte Transformation mit hinreichendem Erfolg absolviert zu haben. Zugleich kann dieses ‚Krass‘ wie ein Stempel eingesetzt werden, um groteske OP-Folgen zu bewerten. Verunglückte Eingriffe, aus denen Menschen als Freaks hervorgehen (müssen), werden besonders gerne mit entsprechenden Reaktionen belegt – was nur beweist, dass der konkrete Anlass darüber entscheidet, was genau mit einer ‚Krass‘-Zuschreibung zum Ausdruck gebracht werden soll.

Für den Moment nur so viel dazu. In den folgenden und vor allem im ausblickenden Kapitel wird das Thema aufgegriffen und vertiefend diskutiert. Festzuhalten bleibt, dass die Bildwelten der Sozialen Medien auf ebenso tiefgreifende wie folgenreiche Weise mit den Hoffnungen, Sehnsüchten und Attraktivitätspräferenzen der Ästhetisch-Plastischen Chirurgie verwoben sind. Sowohl in den Sozialen Medien als auch in großen Bereichen der Chirurgie geht es um das Prinzip der Selbstidentifikation durch Entwurf. Das Selbst wird jeweils nicht negiert, aber auch nicht als arretierte oder arretierbare Größe vorausgesetzt.

Stattdessen werden Bilder und Körper gestaltet, um sich (s)ein Selbst durch aktive Mitbestimmung ausformen zu können. Dabei durchdringen die vorgestellten und geposteten Körperbilder einander so intensiv, dass sich Körpergestaltungen an Bilderwägungen und Bildpostings an vollzogenen Körpergestaltungen orientieren. Die ‚Körperbildchirurgie‘ spielt sich nicht nur in Kliniken und Praxen ab. Sie findet sowohl Teile ihrer Voraussetzungen als auch ihrer Folgen in den Sozialen Medien – und dies, wohlgemerkt, nicht im Sinne einer sich kollektiv ausbreitenden Pathologisierung der Wahrnehmung von Körperbildern. Krankhafte Muster können, das ist eine Binse, für Einzelfälle nicht ausgeschlossen werden. Aber sie zu generalisieren würde bedeuten, einen wesentlichen Aspekt körperästhetischer Kulturen als Fehlentwicklungen der Moderne abzuqualifizieren. Ein solches Unterfangen kann nur anstreben, wer es auf eine bewusste Fehldeutung schönheitsmedizinischer Praktiken und deren bild-strategischen Verarbeitungen anlegt. Krankheit aus bloßer Vermutung zu unterstellen heißt, aus Faulheit zu dis-kriminieren.

Dass diejenigen, die sich besonders aufwendig selbst in Form bringen, alles andere als ästhetisch faul sind und möglicherweise zu den Konservativen unter den Körpergestaltenden gehören, darüber berichte ich im kommenden Kapitel.

Body-Modification als konservative Kunstpraxis

Die Wahn-Behauptung gehört zum stabilen Begleitsound der Ästhetisch-Plastischen Chirurgie. „Ist Deutschland dem Schönheitswahn erlegen?" (Gesundheit 2020), fragt ein Gesundheitsportal sichtlich besorgt im Jahr 2020. Von einem „gefährlichen Schönheitswahn im Internet" (Kind und Scheid 2018) wusste zuvor die *Saarbrücker Zeitung* alarmierend zu berichten. Immer mehr Menschen wollten „aussehen wie ein retuschiertes Bild." Angespornt durch die mahnenden Worte eines plastischen Chirurgen seien „die Gründe für solche gefährlichen Trends ganz klar in Online-Angeboten wie Instagram, Snapchat und Co." zu finden. Als fatal müsse diese Entwicklung eingestuft werden, denn, so flankiert ein konsultierter Psycho-loge, „mit der Realität habe die Scheinwelt auf sozialen Netzwerken wenig gemein." Der „Selfinissmus', ein Zusammenschluss aus ‚Selfie' und ‚Narzissmus'", beförde re die Sucht nach Körperbildern, die „im Ergebnis nichts mehr mit der Realität zu tun" hätten (ebd.).

Behalten solche – vorwiegend deutschsprachigen – Untergangserzählungen meist für sich, was sie unter ‚der Realität' verstehen, machen sie dennoch unmissverständlich klar, dass ein angeblich abweichendes Verhalten pathologische Züge trage. Spekulationen über individualpsychologische Verfassungen werden mit kulturpessimistischen Einsprengseln intellektualisiert – und heraus springen Bekenntnistraktate, die ebenso allgemein wie unverbindlich das gute Leben jenseits der Sozialen Medien verankert sehen. Sehnsüchte nach einer Welt, in der die Dinge und Körper feste Orte und gemeißelte Wesen besitzen, schlagen unverkennbar durch – und damit Bedenken gegenüber einer Gesellschaft, in der bisherige Gewissheiten verunsichert, Geschlechter von ihren biologischen Bedingungen gelöst, Körper veränderbar und Identitäten als Entwurfsaufgaben geschätzt werden.

Geradezu existenzielle Unruhe macht sich breit, wenn nicht nur geglättete Gesichter und eigenfettunterspritzte Gesäße, sondern nun auch „gespaltene Zungen, tätowierte Augäpfel oder angespitzte Zähne" (Abendzeitung 2018) die Bühnen der Sozialen Medien betreten. Man treffe auf „krasse Beispiele", ist zu lesen – wobei ‚krass' hier weniger als Hinweis auf raffinierte ästhetische Transformationen Verwendung findet. Eher soll ‚krass' die Diagnose einer Abartigkeit anzeigen, begünstigt dadurch, dass neben ‚krass' mindestens ebenso oft von ‚irre' die Rede ist. Fassungslos wird konstatiert, dass es „im Bereich des Körperkultes [...] kaum Grenzen" gäbe, ja dass „einige Menschen [...] bis ans Äußerste oder weit darüber hinaus" gingen (ebd.).

Ähnlich überschreibt die *Frankfurter Allgemeine Zeitung* einen an sich ausgewogenen Beitrag mit „Angriffe auf den Körper" (Belz 2009) – was nochmals direkter insinuiert, dass der Körper einer Gewalt ausgesetzt werde, möglicherweise in Form von Autoaggressionen, dass es also um die Schaffung von Leid gehe. In einem Mix aus Faszination, Sensationalisierung, Spekulation, Skandalisierung und Ekel schließen manche Berichte mit diffusen Andeutungen auf selbstverletzende Verhaltensweisen oder Todesursachen: „Ein prominentes Beispiel ist der verstorbene Performancekünstler Rick Genest, der nur 32 Jahre alt wurde" (Abendzeitung 2018). Werden damit – einmal mehr – unheilvolle Verstrickungen zwischen Sozialen Medien und Körperpraktiken konstruiert, lohnt umso mehr, sich vor Augen zu führen, um was es eigentlich geht.

Unter dem Stichwort *Body-Modification* versammeln sich Praktiken, die auf ästhetisch anspruchsvolle Weise in den Körper eingreifen. Die physische Bearbeitung wird dabei durch Mittel erwirkt, die in der Mainstream-Chirurgie entweder nicht vorgesehen oder sogar aktiv ausgeschlossen werden: Das Auftrennen der Zungenspitze in mehrere Teile; die Skulpturalisierung einzelner Körperpartien durch entweder spitze oder auswölbende, jedenfalls vergleichsweise große Implantate; das Dehnen von Ohrlöchern und Lippen; das Durchstechen eines Tunnels in die Wange; das Zurechtschneiden von Ohrmuscheln oder das Einnähen von Stoffbahnen in die Haut. Gehören diese und ähnliche Maßnahmen zu den durchaus gängigen Verfahren der Szene, werden sie meist mit noch anderen Gestaltungsformen verbunden. Piercings und Tätowierungen treten in oft prägnanter Weise hinzu, aber auch weitere Accessoires und Mode-Entscheidungen werden in die Gesamtkompositionen integriert.

Sind diese vermeintlichen „extreme bodies" (Miglietti 2003, S. 165–186) also bereits als Bildereignisse gedacht und entworfen, ist es nur naheliegend, sie auch in den Sozialen Medien mit größter Sorgfalt zur Darstellung zu bringen. Man muss gar nicht auf Idole der Szene – Aneta von Cyborg, Maria Jose Cristerna, Eric Sprague – blicken, um gewahr zu werden, wie tief sich die Arbeit am Körperbild mit ausgefeilter, professioneller Medienpraxis verbindet. Es genügt, die kleinen Accounts auf Instagram und Facebook zu besuchen (Abb. 7) – und unmittelbar fällt auf, wie vielfältig die visuellen Möglichkeiten der Plattformen ausgeschöpft, wie variantenreich immer neue Formen und Formate der Bild-Körper-Verschränkung erschlossen werden.

So verlegen sich manche Accounts auf das reine Sammeln. Sie schaffen moderne Wunderkammern plastisch bearbeiteter Körperteile, Archive der ‚Körperbildchirurgie'. Besonders beliebt sind Ohren. Vom Kopf

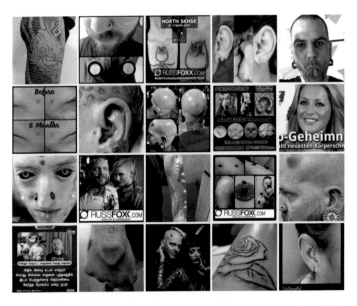

Abb. 7 Screenshot einiger Foto-Posts, versammelt unter dem Stichwort „Bodymodification" auf der Plattform Facebook. (Quelle: https://www.facebook.com/search/photos/?q=bodymodification%20 &f=Abqpzh93aralpPzODtUTtfBHX_zLyg48n8AgH9cPTUyaMkrzSw21 dsqqREwlUq2gQsOk95b7DXuzhPqvCSqETdHNFn-m9mnF-_MxPvo31 KVUljYoxVECR3P9uVANGOLH355zFRXeCBDG0_MYe_yvxB6v)

abstehend, werden sie als kleine Fleisch- und Knorpel-
stücke geschätzt, die sich mit wenigen Handgriffen
verzieren, schmücken und, in etwas aufwendigeren
Prozeduren, durchtrennen, wieder neu zusammennähen,
teilweise ab- und immer wieder zuschneiden oder durch
Tätowierungen mit feingliedrigen Mustern überziehen
lassen. In langen Bilderreihen neben- und untereinander-
gestellt, fordern sie zum Vergleich heraus. Ersichtlich ist,
mit welcher Sorgfalt und Präzision designt wird, wie selbst
auf einem vergleichsweise so engen Raum wie der Ohr-
muschel unterschiedliche Verfahren – Piercen, Spalten,
Nähen – stilistisch aufeinander abgestimmt werden.

Eingehendere *Body-Modification*-Ohranalysen könnten
ergeben, dass im Grunde durchgängig klassisch-konservative
Auffassungen von gelungener Gestaltung zum Tragen
kommen. Fast pingelig ist man um Harmonie und Aus-
gleich bemüht, kein Element darf überwiegen, Nach-
lässigkeiten und Schlampereien sollen tunlichst vermieden
werden, und darf doch einmal ein einzelnes Ding
herausragen, so gilt es, dieses sanft einzufangen und in
ein Gesamtgefüge einzubetten. Ohr-Design bedeutet,
das Augenmerk nicht nur auf eine Stelle des Ohrs zu
richten – und dies umso weniger, als beide Ohren als sich
ergänzende oder voneinander abgrenzende Formeinheiten
verstanden werden.

Die Ohrbild-Sammelnden vollbringen – etwa auf
dem Instagram-Account „allmybodymodifications" –
ästhetische Systematisierungen. Dank ihrer thematisch
geordneten Zusammenstellungen lässt sich Überblick
über Entwicklungen im jeweiligen Körperteil-Segment
gewinnen. Wenige Klicks genügen, um Trends und Kon-
ventionen kennenzulernen oder noch unausgereifte
Praktiken zu ermitteln. Gleichzeitig erfüllen die Aus-
wählenden – die, ähnlich Kunstsammlerinnen und
-sammlern, meist keine eigenen Gestaltungsambitionen

verfolgen – eine kanalisierende Funktion. In den Millionen Bildern der Plattformen ginge ohne sie verloren, was doch eigentlich als Körperbild-Leistung Aufmerksamkeit auf sich ziehen möchte. Es ist somit nicht übertrieben, wenn man diesen Userinnen und Usern attestiert, dass sie immer auch ein wenig an der jeweiligen Werkvollendung mitwirken. So zweifelhaft es ist, ob ein Kunstwerk überhaupt existiert, solange es von niemandem gesehen und als solches eingestuft wird, so sehr würde den allermeisten Ohr-Gestaltungen Entscheidendes fehlen, wenn sie ohne plattforminterne Vermittler-Accounts unter dem Radar einer Öffentlichkeit blieben. Körpergestaltungen und Bildsysteme greifen erneut ineinander.

Andere sehen ihre Aufgabe nicht im Sammeln des Vorhandenen, sondern im Präsentieren des Eigenen. Zwei Darstellungsformen kristallisieren sich heraus. Einerseits ist ein konzentrierter Wille zur Dokumentation des modifizierten Körpers zu beobachten – dies insbesondere dann, wenn es nicht um die Gesamtfigur, sondern um Teilbereiche geht. Gewissenhaft wird jede Neuerung so in Szene gesetzt, dass das jeweils Besondere am Neuen wirkungsvoll hervortritt. Ein Transplantat in Herzform, das unter die Haut das Handrückens gesetzt worden ist, wird mit geballter Faust der Kamera dargeboten – und zwar exakt so, dass sich die Konturen des eingebauten Dings möglichst scharf abzeichnen. Bild und körperliche Reaktionen gehen eine kurze ästhetische Symbiose ein, übermittelt die Kamera doch klar, wie sich das Blut unter der angespannten Hautfläche konzentriert, wie es an anderen Stellen flieht – und wie somit, physiologisch bedingt, das künstliche Herz errötet.

Andererseits sind Versuche zu registrieren, die (historische) Ästhetik der Atelierfotografie zu beleben – ob dies in Kenntnis oder Unkenntnis dieses spezifischen Bildtypus geschieht, sei dahingestellt. Auffällig ist der hohe Aufwand, der betrieben wird, um die gestalteten Körper in offenbar eigens erstellten räumlichen Settings zu arrangieren. Minutiös, bis in kleinste Details ist man bemüht, Körper, Raum, Licht, Perspektive und – gegebenenfalls – Kamerafilter aufeinander abzustimmen. Gerne arbeiten die Protagonistinnen und Protagonisten mit einer morbid anmutenden Ästhetik, signalisieren abgründige Lebensstile, spekulieren auf Schockwirkungen und kokettieren mit dem Reiz des Subkulturellen und Avantgardistischen. Die eingenommenen Posen sind zur Kamera ausgerichtet, die Körper so gedreht, dass die wesentlich bearbeiteten Stellen ins Auge fallen. Was auf Facebook oder Instagram gepostet wird, sind, paradox gesprochen, Körperbilder von Bildkörpern.

Und ästhetische Paradoxien bestimmen diese Bildkörper immer wieder, indem sich in ihnen unterschiedliche Stilkulturen vermengen. Man kombiniert Heavy-Metal-Konventionen mit Splatter-Movie-Elementen, verschränkt Vampir- mit clownesken Figuren, fügt Instrumente der BDSM- und Fetisch-Szene an Kleidungsstücke bürgerlicher Gesellschaftsformen. Nichts wirkt zufällig, es gibt kein Aus-Versehen und kein Wird-schon-irgendwie-passen. Alles scheint kontrolliert und besonnen verknüpft, kein Fleck, kein Schmutz trübt das Arrangement – es sei denn, solche Effekte sollen bewusst erzeugt werden. In diesem Fall regelt man das genretypisch über den ebenso herzhaften wie erstaunlichen Einsatz von Körper-flüssigkeiten. Es ergießt sich, spritzt, sickert, träufelt und plumpst, was der Säfte-Fundus des Körpers herzu-geben im Stande ist. Doch von Ekstase, Außer-Sich-Sein oder Kontrollverlust auch hier keine Spur. Wie in einem professionellen Theaterbetrieb wirken die fotografisch fixierten Szenerien klug verabredet, raffiniert geprobt, konsequent optimiert, kurz: ziemlich gut inszeniert.

Ob das Blut aus Blut oder Ketchup besteht, spielt keine Rolle. Das Ereignis überzeugt als Ereignis – als läge der Inszenierung § 13 Satz 1 aus Guy Debords *The Society of the Spectacle* als Regiehinweis zugrunde: „The tautological character of the spectacle stems from the fact that its means and ends are identical" (Debord 2014, S. 5).

So betrachtet mag sich der Eindruck einer Ästhetik des Hässlichen aufdrängen, das Gefühl, einer Anti-Schönheit zu begegnen. Und in der Tat: Sind diese ins scheinbar Extreme modellierten, tätowierten, durchlöcherten, unterfütterten und metallbestückten Körper nicht indirekte Gegenentwürfe zur oben thematisierten Beauty-Industrie? Treten sie nicht als dezidierte Non-Beauties auf? Ist nicht „ihr Aussehen das provozierende Gegenmodell zum überperfektionierten Schönheitsideal unserer Zeit?" (Kunath 2019). Bedeutet dieser „Drang zur krassen Selbstveränderung" nicht zugleich „rebellische Gegenwehr"? Und legen es die derart Körpermodifizierten nicht ganz gezielt auf ein „Herausfallen aus dem Raster" an (ebd.)?

Nein. Eine solche Auslegung griffe zu kurz und würde in erster Linie wohl nur den eigenen ästhetischen Vorlieben folgen. Die Sache verhält sich komplexer. Das vermeintlich Extreme korreliert auch in dieser ‚Körperbildchirurgie' weder mit Eskalation noch Destruktion. Körper werden nicht zerstört, und es dürften in dieser Szene genau so viele und genau so wenige Menschen nachlässig oder unaufmerksam mit ihrem Körper umgehen wie dies Menschen in anderen Gesellschaftsbereichen tun. Zudem verlaufen die Grenzen zu sozial breiter akzeptierten – und entsprechend stärker nachgefragten – Eingriffen auch hier uneindeutig. So erzeugt beispielsweise der Wunsch nach einem vor allem an prominenten Vorbildern orientierten „Brazilian Butt Lift" (Berndt 2019) ebenfalls Körperteile, von denen sich annehmen ließe, sie überstiegen das Gewöhnliche und sprengten den Durchschnitt.

Entsprechend eifrig melden sich auch hier warnende und mahnende Stimmen zu Wort, und sie sparen nicht mit dramatischen Bildern: „In Düsseldorf sind zwei Frauen gestorben, nachdem sie ihr Gesäß einer Schönheitsoperation unterzogen hatten. Sie wollten einen Hintern à la Kardashian, nun sind sie tot" (ebd.). Insgesamt sei ein Hang zur kompletten ästhetischen und moralischen Verwahrlosung festzustellen, und erneut stehen die Sozialen Medien im Verdacht. Die „Instagram-Accounts" jener Ärzte, die noch nicht einmal ausreichende Kompetenzen zu solchen Eingriffen vorweisen könnten, seien „voll von Erfolgsmeldungen und Bildern mit sehr runden Hintern darauf. Mitunter schreiben sie auf den Fotos sogar ‚Made by Dr. …' quer übers Gesäß" (ebd.).

So nachvollziehbar und angezeigt in konkreten Fällen der Verweis auf mangelnde Fähigkeiten und fehlendes Wissen ist, so abwegig muten generalisierende Bewertungen an. Bezogen auf die aufgeschreckten Einlassungen gegenüber den ‚krassen' *Body-Modifications:* Muss es der Anti-Schönsein-These und Entgrenzungsrhetorik nicht einigermaßen merkwürdig vorkommen, mit welcher Akkuratesse und Pedanterie die Körper gestaltet und in den Sozialen Medien miteinander in Beziehung gesetzt werden? Wie gewissenhaft an sämtlichen Details gearbeitet wird? Wie Linien, Kreise, Kreuze und andere Muster gezeichnet werden, als seien Geodreieck und Zirkel angelegt worden? Wie mit millimetergenauer Symmetrielust die Körper in ästhetische Balance gebracht werden?

Fast scheint es, führe die *Body-Modification* aus, was Umberto Eco als wesentliches Stilmerkmal der antiken griechischen Kunst identifizierte: „So entsteht die Vorstellung eines Gleichgewichts zwischen zwei gegensätzlichen Entitäten, die einander neutralisieren, die Polarität zwischen zwei einander widersprechenden Aspekten, die nur harmonieren, weil sie einander entgegengesetzt sind, wird auf visueller Ebene zur Symmetrie" (Eco 2004, S. 72). Und um dies zu realisieren, braucht es eben auch heute: Enorme Kennerschaft in der Sache, die sich über all die Jahre entwickelt, in denen sich Menschen differenziert mit Modellierungstechniken, -technologien, -verfahren und -gefahren auseinandersetzen.

Dies zusammengenommen erscheinen die Unterschiede zu gängigen Praktiken der Ästhetisch-Plastischen Chirurgie als noch geringer, als man es (zunächst) annehmen möchte. Denn nicht übergangen werden kann, dass sich die *Body-Modification*-Körper mit den Schönheitskliniken-Körper auf denselben Plattformen tummeln. Zwar existieren jeweils eigene Foren und Plattformen, und diese werden auch, etwa über eigens eingerichtete Blogs und Informationsportale, intensiv betrieben. Doch ist daher nur umso bemerkenswerter, dass sich die Operierten jeweils trotzdem für Facebook und Instagram entscheiden. Klar, wer tut dies heute nicht. In diesem Fall aber wäre ohne Weiteres eine körpermodifizierende Sub-Szene vorstellbar, deren oberstes Gebot aus einem Beteiligungsverbot bestünde. Die Schaffung radikalästhetischer Andersartigkeit könnte mit dezidierter Abkehr von den großen Netzwerk-Plattformen einhergehen. Denn wer wirklich Gegenentwurf, Gegenwehr, Avantgarde sein will, wer tatsächlich danach trachtet, aus dem Raster herauszufallen und als radikal ‚krass‘ zu erscheinen – der muss Facebook und Instagram den Rücken kehren.

Allerdings gibt es einen Aspekt, der eine auffällige, wenngleich erneut keine kategoriale Differenz markiert. Dieser Aspekt betrifft die Frage nach dem Verhältnis von Gestaltung und Geschlecht. Studiert man die Social-Media-Auftritte der unter dem Label *Body-Modification* Auftretenden, so ist es in sehr vielen Fällen schlicht unmöglich, an den Körpern geschlechtstypische Merkmale ausfindig zu machen. Eingesetzte Hörner sind mit allen Geschlechtern kompatibel; ebenso dreidimensionale Herzen unter der Haut auf einem Handrücken; in Form geschnittene Ohrmuscheln ebenfalls; gespaltene Zungen sowieso; *Fleshtunnel* erst recht. Und fortgesetzt wird die Auflösung stereotypisierter Signale durch die in der Szene weitverbreitete Komplettenthaarung oder, umgekehrt, dem Stilisieren von Frisuren zu mitunter hochaufragenden Gebilden (vgl. Sartore 1998, S. 37–48).

Begünstigend kommt hinzu, dass viele eine Nähe zu fiktiven Figuren – Cyborgs, Maschinenmenschen, Science-Fiction-Wesen – suchen, folglich also bereits durch die Wahl der ästhetischen Referenz binärgeschlechtliche Zuschreibungen verunklaren. Und gelingt damit nicht zumindest in Ansätzen – körperbildlich, medial-performativ –, was Judith Butler als politische Forderung stark gemacht hat? „Wir müssen", schreibt Butler, „unsere Kategorien einer kritischen Überprüfung unterziehen, die Grenzen ihrer Inklusivität herausfinden, ihre umfassenden Voraussetzungen, die Art und Weise wie sie ausgedehnt werden müssen, um die Verschiedenheit dessen zu umfassen, was ‚menschlich' und was ‚geschlechtlich' ist" (Butler 2002, S. 8). Körpermodifizierende gestalten sich mitunter gezielt in jenen Raum hinein, der „zwischen den Geschlechtern" liegt. Und verkörpern sie damit nicht das, was Butler als „eine Kritik der Gendernormen" fasste (ebd., S. 6)?

Auch damit wird ein allgemeiner Effekt Ästhetisch-Plastischer Chirurgie vor Augen geführt. Denn auch wenn die Mainstream-Chirurgie nach wie vor festgefügte Stilkategorien pflegt – somit weniger auf *Gender* denn auf *Sex* orientiert ist –, beweist doch allein ihr Erfolg, den sie bei allen Geschlechtern verbucht, dass sich vermeintlich Getrenntes im körperlichen Selbstentwurf überlagert und sogar durchdringt. (Auch wenn ich in diesem Essay die vielfältigen Möglichkeiten, die die Ästhetisch-Plastische Chirurgie Personen mit dem Wunsch nach einer Geschlechtsangleichung eröffnet, nicht ausreichend berücksichtige.) Zugleich können (!) die Bildwelten der Sozialen Medien Treiber progressiver Entwicklungen sein: Schon indem sie Prozesse sichtbar und damit Verfahren nachvollziehbar machen, wird die Gestaltung binärer Geschlechtsmerkmale als Möglichkeit und Variante – als etwas Zu- und Ablegbares – erfahrbar.

Dominierende körperliche Eigenschaften werden somit ihrer unterstellten biogenetischen Eindeutigkeit enthoben – und wirken damit mehrdeutiger, als sie möglicherweise bislang aufgefasst worden sind. „So schreitet die Hybridisierung zwar voran, doch in asymmetrischen, asynchronen Konstellationen" (Scheller 2013, S. 186), so nochmals Jörg Scheller mit Blick auf die erstaunliche Konjunktur des Brustmuskels bei Männern und Frauen in Fitness- und Bodybuilding-Szenen. Der Verlust an Selbstverständlichkeit birgt die Gefahr der Druckausübung, zweifellos. Zugleich wird angeblich Unverrückbares neu verhandelt und damit in seiner Bedeutsamkeit relativiert. Müsste man daher nicht generell von einem „unstable body" sprechen (Colomina und Wigley 2016, S. 219–233) – und zwar in physischer wie gestalterischer Hinsicht –, wie es die Architekturtheoretikerin Beatriz Colomina und ihr Kollege Mark Wigley vorschlagen?

Der Versuch, Unterschiede und Gemeinsamkeiten zwischen der *Body-Modification*-Bewegung und der Ästhetisch-Plastischen-Mehrheitschirurgie nachzuzeichnen, führt zur Frage nach den ästhetischen Hoffnungen, die sich an die jeweiligen Körperbilder heften. Wieder war es Scheller, der diesen Punkt in ähnlicher Weise aufgeworfen und mit Blick auf das Verhältnis von Fitness- und Bodybuilding-Körpern ausgelegt hat. Scheller pointiert: „Der

Fitnesssportler will gefallen. Der Bodybuilder will auffallen" (Scheller 2021, S. 41). Während „der schlanke,
flexible, ausdauernde Körper des Fitnesssportlers eine
‚schöne' Übereinkunft mit den [...] Normen und Idealen
des biopolitischen Zeitalters" eingehe, „übersteigert" der
Bodybuilder „die biopolitische Vernunft auf ähnliche
Weise wie der brave Soldat Schwejk, der die Befehle seiner
Vorgesetzten so ernst nimmt [...], dass ihre inhärente
Absurdität sichtbar wird" (ebd.).

Übertragen und angewandt auf das vorliegende Thema:
Schafft die Beauty-Chirurgie-Industrie Augenblicke des
Gefallens, zielt die *Modification*-Szene auf Erlebnisse
des Auffallens, auf den Augenblick des Spektakels – verbunden mit jeweils leicht abweichenden Ansprüchen,
Sehnsüchten und ästhetischen Selbstverständnissen. Die
Suche nach Übereinkunft mit der Idee eines Körpers,
„der nicht nur ‚schön', sondern immer auch funktional
ist", könnte demnach eine jener gesellschaftlichen Gründe
sein, der zu Aufschwung und Akzeptanz der Ästhetisch-
Plastischen Chirurgie beiträgt. Und so sehr „der Körper
des Bodybuilders funktional nur in Bezug auf das Bodybuilding selbst" ist, so ästhetisch konsequent scheinen die
expressiv Körpermodifizierten an der Modifikation selbst
orientiert (ebd.). In beiden Fällen liegt eine ausgesprochen
konsequente Fokussierung auf das digitale Bild vor – und
damit eine Orientierung auf all die Kommunikationswege,
die die Sozialen Medien bahnen.

Szene und Bewegung der vermeintlich extremen Körper
sind demnach gerade nicht als extrem einzustufen – weder
im Hinblick auf ästhetische noch im Zusammenhang
mit weltanschaulichen Totalitarismen. Im Gegenteil:
Gewünscht ist, was auffällt – und was aufzufallen vermag, liegt nicht allein in der Entscheidung der Person,
die aufzufallen bestrebt ist. Sie ist auf die Hilfe von Multiplikatoren angewiesen, auf jene Körperbildsammlerinnen

und -sammler, die in den Sozialen Medien dazu beitragen, aus dem Wunsch nach Auffallen etwas Auffallendes zu machen. Demnach repräsentieren die so Modifizierenden keine absoluten oder entrückten, keine radikal andersartigen oder per se hässlichen Körper. Sie zeigen sich als hybride, vermischte Ereignisse, die sich aus körperlichen und bildlichen Entscheidungen zusammenfügen: Herausgelöst aus binärgeschlechtlichen Kategorien, distanziert gegenüber den Hierarchien von Stilen – und auf geradezu autopoietische Weise mit der unabschließbaren Verfertigung des eigenen Körperwerks befasst. Sie sind Hüter eines spezifischen Körperdesigns, Bewahrer der Selbstgestaltung. Und damit die Wertkonservativen unter den krassen Chirurgie-Körpern.

Warum es sich trotzdem lohnt, jenen zuzuhören, die angesichts solcher Körperbilder den Untergang des Abendlandes gekommen sehen, dazu formuliere ich Überlegungen im anschließenden Kapitel.

Boulevard-Tabus und Adornos Einwand

Die Bildwelten der Sozialen Medien schaffen keine Paralleluniversen. Sie fungieren auch nicht als Gegenstücke zum realen Leben, erzeugen keine Heterotopien. Entsprechend löst sich auch nicht automatisch von der Wirklichkeit ab, wer sich auf den Plattformen der sozialen Netzwerke in Fotografien und Videos präsentiert, mitteilt, verknüpft, wer auf ihnen und durch sie Anschluss sucht oder sich als zugehörig empfinden will. Die allzu oft wie selbstverständlich getroffene Unterteilung in das Analoge und das Digitale verleitet zum Eindruck, Sein und Schein stünden einander gegenüber.

Die Klage über den Verlust von Verbindlichkeit und Präsenz, die Sorge vor einem Erodieren der Werte, die

Furcht vor Verrohung und Verblödung, die Warnung
vor einer Freisetzung primitiver Verhaltensweisen – so
wichtig und dringlich das Bewusstmachen spezifischer
Fälle und konkreter Strukturen ist, so gerne artikuliert
sich pauschaler Argwohn. Seine Energie zieht er aus
der Vorstellung hierarchischer Ordnungen: Oben das
Wahre, Greifbare und Widerständige des Analogen,
unten, im Digitalen, soziale Ödnis, geistige Gleichförmig-
keit, ästhetische Kommodifizierung. Was das Analoge an
Authentizität bereithalte, werde durch das Digitale erst
ausgehöhlt und schließlich durch verdächtig glänzenden
Schein ersetzt – verbunden mit einer paradoxen Wendung:
Wiederholt ein derart generalisierendes Misstrauen nicht
genau jene Missstände, die es mit dem Signum des Schäd-
lichen versehen möchte? Ja ist dieses Misstrauen nicht
selbst Symptom und Ausdruck dessen, was es zu bedenken
gibt?

Im Zentrum dieser Vorhaltungen steht immer wieder
der Körper. Er wird als ultimativer Ausweis des Analogen
gepriesen – sodass seine digitale Repräsentation umso
mehr als ontologischer Verlust erscheint. Entsprechend
leicht fällt es der reflexartigen Digitalkritik, von der
Medien- zur Körperschelte überzuwechseln und beliebte
Unterstellungen zu wiederholen. Demnach gebe vor allem
der chirurgisch optimierte und auf digitalen Plattformen
repräsentierte Körper preis, was den nicht operierten
Körper im analogen Leben auszeichne. Die Verkopplung
des Analogen mit dem Tatsächlichen wird auf die Vorrang-
stellung eines natürlichen Körpers übertragen. Körper, die
Schönheitsoperationen unterzogen wurden und nun in
den Sozialen Medien offensiv auftreten, gelten hingegen
als Scheingebilde: Hier solle etwas vorgegaukelt werden,
was in Wirklichkeit gar nicht existiere. Letztlich übe man
Betrug an der Wahrnehmung von Betrachterinnen und
Betrachtern, könnten diese doch nicht mehr zuverlässig

erkennen und unterscheiden, was natürlich und was künstlich sei, wo sich Körper noch als Körper zeigten und an welchen Stellen Körperlichkeit bloß simuliert werde.

Groß sei daher der Druck, unter dem Menschen fortan stünden. Da ihnen die Möglichkeit zum Nachvollzug körperlicher Bedingungen genommen werde, müssten sie glauben, was man ihnen vorsetze – was wiederum dazu führe, dass sie sich als permanent defizitär, nachrangig, schäbig identifizierten und den eigenen Körper als Schwundstufe gegenüber den getarnten Fake-Körpern wahrnähmen. Es ist vor diesem Hintergrund bezeichnend, dass sich über die letzten Jahre im Grunde sämtliche Boulevard-, Yellow-Press- und Lifestyle-Magazine umfassende Kompetenzen im Aufspüren durchgeführter Schönheitsoperationen erarbeitet haben. Aus einer Zeit stammend, in der die ‚Illustrierte‘ an Kiosken erworben oder per Postsendung zugestellt worden ist, bedienen die Magazine noch heute – offline wie online – anti-digitale Sehnsüchte. Immer wieder ist zu lesen, welche Verrücktheiten sich in den Sozialen Medien abspielten, wie freizügig dort die Körper präsentiert würden, wie selbstvergessen man sich auslebe, ja wie im Grunde in jedem Post mindestens ein kleines Skandalon stecke. Der Blick schweift hinüber – zu einer Welt, die, von der hiesigen entkoppelt, im digitalen Nichts herumschwirre.

Dazu ein Beispiel aus der *GALA:* „Sie wirken ewig jung“, argwöhnt das Magazin, und gemeint sind „Stars“, die „so manchen radikalen Schritt in Kauf“ nähmen, „um den Alterungsprozess aufzuhalten oder sich einfach schöner zu fühlen“ (GALA 2021). Wird damit an das pathologische Motiv – an die Suggestion körperästhetischen Getriebenseins – angeschlossen, empfiehlt man sich zugleich über detektivischen Ehrgeiz. Es wird aufgedeckt und nachermittelt, man prüft Indizien und konfrontiert Prominente mit Fotos aus den Sozialen

Medien, die etwas völlig anderes zu belegen scheinen, als
die betreffenden Personen öffentlich vor- und zugeben
(wollen). Verschwörungsmythisch gestimmt, wird den
„Schönen und Reichen dieser Welt" ein schier unbändiger
Wille zur Täuschung attestiert, schließlich ließen sie
„sich so einiges einfallen", um den Bluff am Leben zu
erhalten. Denn wollten sie einerseits „so lange wie möglich jung, straff und vital aus[…]sehen", solle dieses Aussehen andererseits als ein ausschließlich natürliches in
Erscheinung treten (ebd.).

Grundsätzlich lasse sich ein „Schönheits- und Jugend-
wahn" beobachten. Wird damit die vielfach bemühte
Krankheitsvermutung aufgegriffen, erfährt diese noch
Erweiterung um die Diagnose einer ästhetischen Entfremdung. Der Veränderungswunsch „nimmt immer
absurdere Züge an", sodass der schönheitschirurgische
Einsatz regelmäßig über das Ziel hinausschieße: „Denn
statt hübscher und jünger auszusehen, sind manche
Promis inzwischen fast bis zur Unkenntlichkeit entstellt."
Lege man entsprechende Bilder nebeneinander, wirkten
die „Stars vorher und nachher […] wie zwei verschiedene
Menschen." Indem das Magazin den Promis eine derart
folgenreiche Entzweiung zuspricht, könne man mit Fotos
dieser Körper „unterhaltsame ‚Vorher Nachher-Rate-
spiele'" veranstalten (ebd.).

Nicht unerheblich ist, dass dieses Body-Quiz durch
moralische Wertungen aufgeblasen wird. Jennifer Grey
beispielsweise habe „es mit der Schnipselei ordentlich
übertrieben", Sängerin und Songwriterin Kesha trage
nun „statt sinnlicher Lippen, die zum Küssen einladen,
[…] ein Schlauchboot im Gesicht", und Gwen Stefanie,
„einst natürlich schön", sei „heute glattgebügelt, zer-
schnippelt, neu zusammengenäht", sehe also „aus wie eine
Puppe." Die Eingriffe, so ist allenthalben zu lesen, zer-
störten „Natürlichkeit" und entfernten die „sympathische

Ausstrahlung". Brachialboulevardesk gibt ein männlich-lüsterner Blick seine Vorstellungen vom richtigen Aussehen der „schönheitssüchtigen Ladys" kund (ebd.).

Abgesehen vom Gender-Chauvinismus belegt dieses *GALA*-Stück, dass das mediale Selbstverständnis eines Lifestyle-Magazins mit der Art und Weise seiner Thematisierung von Beauty-OPs in eins fallen kann. Der notorische Verweis auf den Natürlichkeitsverlust enthält das unausgesprochene Votum für ein Leben, in dem die Dinge so echt sein sollen, wie sie im Zeitalter der Sozialen Medien eigentlich gar nicht mehr sein können – oder aber nicht mehr sein dürfen! Konstatiert wird ein Imperativ der Künstlichkeit, eine neue Ästhetik-Norm, die sich am Schein digitaler Bildwelten ausrichte und verdränge, was nicht in die medialen Schemata der Plattformen passe: „Ärzte haben für diese Entwicklung mittlerweile sogar eine eigene Bezeichnung: selfie surgery – also eine Schönheits-OP, die dafür sorgt, dass die (Instagram-)Selfies noch besser aussehen" (Franz 2017) – so der erneut alarmierte Hinweis auf ein angebliches Phänomen, das an anderer Stelle, wie gesehen, mit der etwas allgemeineren Wortkreuzung „Selfinissmus" bedacht wird (Gesundheit 2020).

Einzurechnen ist, dass solche Berichte wohl kaum unironisch rezipiert werden dürften. Leserinnen und Leser, oft jahrelang im Umgang mit solchen Präsentationsformen geübt, lassen sich auf das Spiel der polemischen Übertreibungen ein. Intuitiv erfassen sie die Spielregeln. Sicher wissen sie um die Nichtigkeit der Meldung, vielleicht schätzen sie die Storys gerade deshalb. Ein kleiner Aufreger zum Schmunzeln, wieder einmal wird die alte Geschichte der verdorbenen Eliten erzählt, wird ins Lächerliche gezogen, wer es zu ernst mit sich meint – und schöner sein wollte, als er oder sie tatsächlich sein kann. Es ist der Plot derjenigen, die (chirurgisch) zu hoch hinaus wollten und nun damit leben müssen, dass sich ins Gegenteil verkehrt, was ebenso klammheimlich wie verbissen angestrebt worden war. Wie gut, mag sich da manch eine Leserin, manch ein Leser denken, dass ich solche Abstürze nicht erleben muss, dass ich im ästhetischen Mittelmaß mitschwimmen und anderen die körperästhetische Implosion überlassen darf.

Eine solch gelassene Haltung der Rezipientinnen und Rezipienten annehmend, tritt noch ein anderer, ebenfalls relativierender Faktor hinzu: Lifestyle-Magazine sind immer auch Bestandteil jenes Lifestyles, den sie mitproduzieren. Filme, TV-Serien, -Reportagen und -Shows, aber auch Romane, Jugendmagazine und Werbeanzeigen bilden einen alltagskulturellen Referenzenrahmen, in den sich solche Beiträge eingliedern. Die Medien- und Kommunikationswissenschaftlerinnen Karin Knop und Tanja Petsch haben einige dieser stilgemeinschaftlichen Formate zusammengetragen – und sie erstrecken sich „von fiktionalen Stoffen wie die im deutschen Fernsehen bereits in der vierten Staffel erfolgreich laufende US-amerikanische Serie um ein Schönheitschirurgenteam *Nip/Tuck – Schönheit hat ihren Preis* über Vorher-Nachher-Reality-Dokus in täglichen Boulevardmagazinen bis zur bis dato unangefochtenen Klimax im Sinne der von Verona Pooth moderierten OP-Reality-Show *The Swan,* in welcher der Rezipient über Wochen den ästhetisch-chirurgischen Transformationsstadien einer 16-köpfigen Gruppe junger Frauen beiwohnen konnte" (Knop und Petsch 2010, S. 123).

Bereits diese knappe und längst nicht vollständige Aufzählung deutet an, dass der Ästhetisch-Plastischen Chirurgie ganz unterschiedliche Images zugewiesen werden. Stehen in den Boulevard-Magazinen Skandal- und Enthüllungsnarrative im Vordergrund, und spekulieren OP-TV-Shows auf Überraschungs- und Überwältigungseffekte, um möglichst verblüffend darzustellen,

welch enorme Transformationsleistungen an Körpern vorzunehmen sind, so hyperästhetisiert die TV-Serie Absurdi-
täten des chirurgischen Schönheitsgewerbes. Private,
ökonomische, aber auch politische und – immer wieder
– identifikatorische Grundfragen werden aufgeworfen
und mit stets neuen Wendungen, Entwicklungen, Verstrickungen versehen. Gewiss: Kaum jemand, der sich
nicht eigens mit dem Thema auseinandersetzt, wird
dessen komplette alltagskulturelle Verzweigung im
Blick haben. Muss man aber auch nicht. Oft genügen
ein paar Begegnungen und lose Berührungspunkte mit
einem spezifischen Thema, um es beim späteren Wieder-
antreffen – beispielsweise beim Durchblättern der *GALA*
– unbewusst vergleichen, von sich distanzieren, in
Beziehung zu bereits Bekanntem setzen und damit ein-
ordnen zu können.

Andererseits ist nicht zu übersehen, wie die
Boulevardisierung der Ästhetisch-Plastischen Chirurgie
am Aufbau neuer Tabus mitwirkt – und eventuell
stigmatisierende Haltungen befördert. Die Berichte
klassifizieren andere Körperformen in einem Raster der
Abweichung, stufen sie als Malheur ein und suggerieren
körperliche Katastrophen. Die Natürlichkeitseuphorie,
die aus diesen Mitteilungen sprießt, folgt kultur- und
körperessentialistischen Annahmen. Stets gibt es einen
Fingerzeig auf ein vor- oder nicht-technologisches Dies-
seits, in dem die Körper noch unverstellt und ‚natürlich‘
sein dürfen. Der Einspruch gegen das Uneigentliche der
angeblich über-operierten Körper schürt – möglicherweise, nie zwangsläufig! – die Sehnsucht nach Über-
windung des Gespaltenen, nach Wiedererlangen eines
Zustands, der als unentfremdet, als ganzheitlich, als
naturschön wahrgenommen wird. Und droht damit
nicht wiederum die Gefahr einer „Generation of Shame"
(Kubisz 2003, S. 24–32), wie die Kulturwissenschaftlerin

Marzena Kubisz nahelegt? Eine Generation, die unter dem dauernden Eindruck einer „evaluation of the degree of imperfection" steht (ebd., S. 29)?

Beauty-Kliniken und -Praxen greifen die Plots auf, um die eigenen Angebote vom Verdacht der Überambition freizusprechen. Nichts soll an die Schreckensbeispiele aus Hollywood und ihre ästhetische Umwertung aller Körperwerte erinnern. Eine Berliner Praxis für Ästhetisch-Plastische Chirurgie wirbt mit dem Hinweis, dass „Natürlichkeit im Trend" läge: „Prominente verwenden teilweise viel Geld und Zeit auf operative Eingriffe, um attraktiver auszusehen. Anschließend betreiben sie einen großen Aufwand, um genau das zu verheimlichen. Hätten sie den richtigen Plastischen Chirurgen ausgewählt, wäre das nicht nötig gewesen" (Anonymus 2018). Das Leistungsangebot wird als Authentizitätsgewinn ausgeflaggt. Das Versprechen auf das Naturschöne – hier wieder auf ein ‚Null-Design', wie Boris Groys ausgeführt hat – enthält die Fort- und Weiterentwicklung des Bestehenden in Richtung ästhetisch gesteigerter Formen. „Plastische Chirurgie kann ein guter Weg sein, um das Vorhandene zu verbessern – ohne das Grundlegende zu verändern" (ebd.). So soll der vermeintlich medial geschürten Furcht vor einer Leib-Seele-Entfremdung vorgebeugt werden. Und offenbar rechnet die betreffende Praxis konkret damit, dass die Sorge vor einer Verkünstlichung das Geschäft beeinträchtigen könne.

Eine Pforzheimer Praxis dreht den Spieß hingegen um – und setzt einen Entfremdungszustand bereits im ersten Satz auf ihrer Website als generell gegeben voraus: „Ausstrahlung und Natürlichkeit zurückzugewinnen sind die Ziele der zeitgemäßen Ästhetisch-Plastischen Chirurgie!" (Knam 2021). Auch der Kulturwissenschaftler Thomas Macho hat diesen Punkt im Blick, wenn er bemerkt: „Schönheitsmythen werden gegenwärtig als technische

Narrative verbreitet, begrüßt oder verworfen: Paradox bleibt lediglich, dass die Adressaten dieser neuen Mythen als Ziel ihrer Eingriffe angeben, möglichst ‚natürlich' zu erscheinen: ‚Man soll nicht sehen, dass ich etwas gemacht habe'" (Macho 2015, S. 13). Nicht selten gehen sowohl die Chirurgie-Angebote als auch die Presse-Berichte mit bild- und medienkritischen Andeutungen einher. Während man den eigenen Instagram-Account gewissenhaft pflegt, täglich das neueste Gewinnergesicht oder den jüngsten Triumphkörper präsentiert, zudem Videos vom letzten Fettabsaugen veröffentlicht, sehen viele Praxen kein Problem darin, den Sozialen Medien die Hauptschuld am vorgeblich überzogenen Schönseinwollen zuzuweisen.

In dieser Perspektive scheint es, als sei die kulturkritische Grundtendenz der *GALA* in Bezug auf Beauty-OPs von ähnlichen Motiven getragen, die einst zum Theorem der ‚Kulturindustrie' geführt haben. Adorno zeichnet im Anfang der 1950er Jahre entworfenen *Prolog zum Fernsehen* eine kulturelle Situation, in der die „Menschen derart ineinander gepaßt" seien, „daß keine Besinnung mehr zwischen ihnen Atem schöpfen und dessen innewerden kann, daß ihre Welt nicht die Welt ist" (Adorno 1977, S. 507). Demnach würden „die Menschen [eher] ans Unvermeidliche fixiert als verändert" (ebd., S. 508), und es mangele ihnen an Möglichkeiten und Gelegenheiten, die Welt „ästhetisch wahr[zu]nehmen" (ebd., S. 509). Die vollständige Industrialisierung der Kultur arbeite gar am „Trug des verdoppelten Lebens" (ebd.). Strukturell ähnlich blickt die *GALA* auf den „Hollywood-Zirkus" (GALA 2021): Auch dort seien die Menschen offenbar ans Unvermeidliche fixiert, lebten in einem trügerisch verdoppelten Leben, in welchem dem Star – mit Adorno gesprochen – „alles erscheint, als gehöre es ihm, weil er selbst sich nicht gehört" (Adorno 1977, S. 510). Nicht auszuschließen, dass sich manch

Hollywood-Promi, bis ins Freakhafte schönoperiert, in der „bedrohlich erkaltete[n] Welt" selbst „verachte" (ebd.).

Könnte demnach für die Beauty-OP-Bildwelten auf den Sozialen Medien insgesamt gelten, was Adorno als zentrales Merkmal der gesamten Kulturindustrie identifizierte, als er schrieb: „Je vollständiger die Welt als Erscheinung, desto undurchdringlicher die Erscheinung als Ideologie" (ebd., S. 508)? Will nicht auch die *GALA* mit ihren eigenen Bordmitteln auf die ‚Ideologie' aufmerksam machen, die hinter all dem stehe, was „durchs bloße Gehabe ihrer Helden als gottgewollt und ein für allemal etabliert" erscheint (ebd., S. 515)? Nämlich auf das unbedingte Schönseinmüssen der „maskenhaften Clowns" (ebd.), auf ihren pathologischen Zwang zur sexuellen Attraktivität und ewigen Jugendlichkeit? Will nicht auch die *GALA* gegen „Zensur und Einübung eines konformierenden Verhaltens" aufbegehren (ebd., S. 514), indem sie den Natürlichkeitsverlust der Beauty-Promis skandalisierend aufdeckt? Und ist es nicht generell so, dass sich Menschen für Schönheitsoperationen unter dem Eindruck freier Entscheidungen entschlössen, nur um dann festzustellen, dass sie zu jemandem umgebaut worden sind, die oder der sie gar nicht sind und nie sein wollten? Gilt nicht gerade für die Ästhetisch-Plastische Chirurgie, „daß die Erfüllung der Wünsche selten den Wünschenden zum Guten anschlägt" (ebd., S. 516)?

Die detektivischen Auseinandersetzungen der Lifestyle-Presse mit Schönheitsoperationen und deren Bildwelten in den Sozialen Medien lesen sich wie pop-ästhetische Lehrstücke in Kritischer Theorie. „Richtig wünschen ist die schwerste Kunst von allen" (ebd.), heißt es bei Adorno – und zugleich könnte dies die Bildunterschrift des jüngsten Schlauchbootlippen-Unglücks sein. Oder aber: „Mickey Rourke, der einst für sein charmantes und verschmitztes Lächeln bekannt war, sieht seit seiner Komplettsanierung aus wie ein anderer Mensch und nicht wie eine natürlich gealterte Version seiner selbst" (GALA 2021) – so steht es in der *GALA.* Adorno hätte diesen „OP-Unfall" (ebd.) wohl deutlich griffiger kommentiert: „Sein Traum von der Allmacht wird wahr als vollendete Ohnmacht" (Adorno 1977, S. 516).

Dass eine solche Kritik am Körperdesign oftmals mit Kritik an Bildbearbeitungsprogrammen einhergeht, bildet eine besonders erstaunliche Facette des Themas – und sie veranlasst mich zu Beobachtungen, die im nächsten Kapitel dargelegt sind.

Ist der Filter die bessere Chirurgie?

Wenn ein Körper designt und damit in Form gebracht wird, um im Rahmen digitaler Bildwelten zu reüssieren – muss dann überhaupt chirurgisch in den Körper eingegriffen werden? Wäre es nicht viel einfacher, kostengünstiger, folgenloser, erst und einzig auf Ebene der digitalen Bilder anzusetzen? Tatsächlich ist ja nicht von der Hand zu weisen, dass die Angebote der Ästhetisch-Plastischen Chirurgie in den Sozialen Medien nicht nur Multiplikatoren ihrer Möglichkeiten finden, sondern ebenso Konkurrenten. Bislang habe ich betont, wie eng die ästhetischen, kommunikativen, körperpolitischen und ökonomischen Praktiken von Beauty-OPs und Sozialen Medien verwoben sind. Wie gesehen ist es dabei kaum möglich, unterscheidende Kategorien einzuziehen. Und dennoch: Immer wieder sind auch Abgrenzungsbestrebungen zu beobachten – darauf bedacht, das je Eigene gegenüber dem Anderen zu behaupten.

Warum also legen sich Menschen noch unter das Messer? Gäbe es nicht andere Möglichkeiten, ähnliche oder gar gleiche Effekte zu erzielen? Bis vor Kurzem, so könnte man spekulieren, hatte diese Frage noch eine andere Dringlichkeit. Eine Wendung markiert der Beginn des Jahres 2020, als die Meldung „Instagram killt Beauty-Filter" für Aufsehen sorgte (Bastian 2020). Wochen zuvor hatte die Plattform gemeinsam mit Facebook erklärt, zukünftig einzelne Face-Filter entweder einschränken oder ganz verbieten zu wollen. Im Fokus standen Tools, mit denen sich Gesichtszüge besonders umfassend verändern ließen. Die ästhetischen Ergebnisse der Veränderungen waren denn auch Stein des Anstoßes: Filter wie *Fix Me, Plastica, Smooth Skin, Bad Botox* oder *Strong Baby* übertrugen Stilkonventionen der Ästhetisch-Plastischen Chirurgie auf digitale Bilder, am wirkungsvollsten auf Selfies. Als „digitale Schönheits-OP" bekanntgeworden (ebd.), vollzog ein solcher Filter auf medialer Ebene, was sich andere ins Fleisch modellieren lassen.

Die Filter boten zwei wesentliche Bearbeitungsmöglichkeiten. Einerseits konnten Aufnahmen des Gesichts so umgestaltet werden, dass das Gesicht aussah, als sei es für einen schönheitschirurgischen Eingriff präpariert worden – oder, in einer anderen Variante, als habe das Gesicht den Eingriff erst kürzlich hinter sich gebracht. Gestrichelte Linien überzogen die Gesichter, und Pfeile wiesen auf vermeintlich überarbeitungswürdige Stellen. Hinzu kam, dass die Filter Blutergüsse und Schwellungen suggerierten, was durchaus drastische Darstellungen erzeugte – und an all jene Selfies erinnerte, die frisch Operierte über Instagram teilen, um direkte OP-Folgen zu dokumentieren.

Wurden damit Merkmale zitiert, die aus chirurgischen Planungs- und Heilungsprozessen bekannt sind, gab es andererseits die Möglichkeit, besonders spektakuläre Ergebnisse in Szene zu setzen: Wangenknochen konnten hervor- und Augenbrauen angehoben, Lippen aufgeplustert, Nasen zugespitzt und verkleinert, Hautpartien geglättet, Augen vergrößert werden. Die Umformungen waren dabei keineswegs auf Fotografien beschränkt. Ihre volle Wirkung entfalteten die Filter erst, wenn sie über Videos gelegt wurden. Sind viele geneigt, bewegten Gesichtern einen nochmals höheren Grad an Authentizität anzuerkennen, leistete die Augmented-Reality-Technologie in diesem Fall Verblüffendes: Filter und dargestelltes Gesicht verschmolzen im Rahmen des Bildes zur nahezu perfekten Symbiose. Nur die teils überdehnten Gesichtspartien verrieten noch den digitalen Eingriff.

Umso interessanter ist, wie das veranlasste und in großen Teilen auch umgesetzte Filterverbot begründet und öffentlich kommentiert wurde. Magazin-Berichte und Meldung auf Internetportalen verwiesen immer wieder auf eine 2019 erschienene Studie der *American Medical Association.* Anliegen dieser empirischen Arbeit war es, den Zusammenhang zwischen der Nutzung Sozialer Medien, einzelner Bild-Filter und der Akzeptanz ästhetischer Operationen zu messen. Mit Blick auf das Mediennutzungsverhalten ist das Ergebnis eindeutig – zumindest konnte eine Korrelation zwischen der Benutzung der Netzwerke und einer Chirurgie-Akzeptanz festgestellt werden: „Social media investment had a positive association with consideration of cosmetic surgery" (Chen et al. 2019, S. 361). Im Fall von Filtern, die das Bild als solches verändern – etwa durch Bearbeitung der Ausleuchtung, Farbkontraste oder Körnungen –, zeigte sich hingegen kein Anstieg der Befürwortung.

Anders bei jenen Funktionen, die das fotografierte Gesicht modellieren: „In contrast, the use of photo editing features to alter facial features was associated with increased consideration of surgery" (ebd., S. 366). Alle Filtermöglichkeiten zusammengenommen, war wiederum kein Zusammenhang erkennbar: „Given the broad range of photo editing features, the association between the use of photo editing as a whole and attitudes toward surgery was not significant" (ebd.). Demnach sollten die Ergebnisse lediglich dabei helfen, „future patient-physician discussions regarding surgical outcomes and expectations" zu unterstützen (ebd.). Damit ist zugleich klar, dass es der Untersuchung keineswegs darum ging, aus den Daten der insgesamt 252 Teilnehmenden Empfehlungen an die Plattformbetreiber abzuleiten – und dass es schon gar nicht das Ziel war, Instagram oder Facebook daran zu erinnern, welche Filter sie unterstützen und welche sie einschränken sollten.

Dennoch wurde die Studie vielfach in diese Richtung ausgelegt. Der Einfluss der Filter, so war zu lesen, sei nicht zu unterschätzen. Zwar griffen die Filter nicht direkt in Körper ein, dafür aber umso subtiler in das Innenleben der Menschen: „An die Substanz der eigenen Psyche" (Bastian 2020) gingen sie und manipulierten somit jene imaginierten Körperbilder, an denen Menschen den Umgang mit ihren physischen Körpern entwickelten: „Viele Social-Media-NutzerInnen […] spüren den Druck, dieser neuen Online-Ästhetik zu folgen" (Jana 2019). Die digital bearbeiteten Bilder der fotografierten und gefilmten Körper wirkten, so die Annahme, auf doppelte Weise: Einerseits schienen sie die angeblichen Hemmschwellen zu tatsächlichen Eingriffen abzusenken. Andererseits, so die Mutmaßung, drohe eine zu starke Normalisierung schönheitschirurgischer Maßnahmen.

In der *VOGUE* ließ sich Facebook mit geradezu polizeilicher Diktion zitieren – naheliegend, dass man es mit einer Gefahr im Verzug zu tun habe: „Wir wollen, dass Filter ein positives Erlebnis für die Menschen bieten. Während wir dies neu bewerten, werden wir: erstens alle Effekte aus der Galerie entfernen, die mit Schönheits-OPs in Verbindung gebracht werden könnten, zweitens die Genehmigung neuer Effekte wie diesen [sic] stoppen und drittens aktuelle Effekte entfernen, wenn sie uns gemeldet werden" (ebd.). Angesichts eines solchen Ehrgeizes kann man sich nur wünschen, dass er auch dann an den Tag gelegt wird, wenn es beispielsweise um das Eindämmen antisemitischer Hassbilder und anderer Praktiken der Diskriminierung im Netz geht (vgl. Hornuff 2020).

Die Formulierung, der zufolge man ‚alle' Tools löschen werde, ‚die mit Schönheits-OPs in Verbindung gebracht werden können', ist indes ebenso hoch gegriffen wie unspezifisch. Denn wäre nicht grundsätzlich jedes (Körper-)Bild auf Facebook und anderen Portalen mit Schönheitsoperationen in Verbindung zu bringen? Und überhaupt: Was soll verwerflich oder gar gefahrvoll sein, wenn solche Verbindungen gezogen werden? Aus den anordnenden Zeilen spricht die Sorge vor einer zu selbstverständlichen Durchmischung kultureller, sozialer und medialer Ausdrucksweisen – ja die Befürchtung, dass Bild und Wirklichkeit Koalitionen eingehen könnten, die, wieder einmal, Pathologien nach sich zögen. Es scheint daher, als übernähme Facebook jene aufgeschreckte Haltung, die vor allem gegen die Plattform stark gemacht wird – und die dazu beiträgt, dass Lifestyle-Magazine ihren Naturalisierungsanspruch in Abgrenzung zu den Sozialen Medien entfalten. In beiden Fällen werden belehrende Grenzen mit Blick auf die Ästhetisch-Plastische Chirurgie gezogen. Sie ist der eigentliche, gemeinsame Feind, ein ständig drohendes Elend, von dem sich fernzuhalten ein Gebot der Stunde sei.

Dabei war überhaupt nicht ausgemacht, mit welchem Zweck diese Filter eingesetzt wurden – und vor allem war gänzlich unbekannt, wie andere Userinnen und User auf diese Form der digitalen ‚Körperbildchirurgie' reagierten. Gehört es nicht zur kommunikativen Grundstimmung des Agierens in den Sozialen Medien, zu wissen, dass man es mit gebauter, gemachter, entworfener, zusammengesetzter, vermischter Authentizität zu tun hat? Anders gefragt: Liegt das ästhetische Authentizitätserlebnis nicht gerade darin, zu wissen, dass es kein Jenseits der Inszenierung gibt? Man pflegt eine Souveränität zweiter Ordnung: Am Spiel mitunter bierernst teilnehmend, ist zugleich (fast) allen klar, dass es ein Spiel ist. „Das Ideal des optimierten Körpers beinhaltet", schreibt die Philosophin Babette Babich, „etwas mit den Körpern anzustellen oder allgemeiner noch den Körper so darzustellen, *als ob* man irgendetwas mit ihm angestellt hätte, ohne dass dies tatsächlich der Fall ist" (Babich 2016, S. 207).

Das Als-ob, jener Grundmodus des Spielens, dürfte an kaum einem Ort vitaler ausgeprägt sein als in den Bildwelten der Sozialen Medien – und dies umso mehr, als sich in ihnen und durch sie Körperbilder präsentieren, deren jeweilige Gestaltungsgenese im Grunde kaum mehr nachzuvollziehen ist. Babich verfasste ihre Überlegungen zur *Körperoptimierung im digitalen Zeitalter* im Jahr 2016; die unter Verdacht stehenden Chirurgie-Filter kannte sie noch nicht. Und dennoch traf sie genau den Punkt, der die spätere Face-Filter-Faszinationskraft ausmacht: „Eine solche Darstellung eines veränderten Körpers wie *als ob* liegt vollständig im Rahmen unserer Möglichkeiten: medizinisch-kosmetisch sowie – noch einfacher – digital." Man bevorzuge generell „einen praktischen Umgang mit Strategien [der] Körpervervollkommung [sic]" – womit Babich die Unabschließbarkeit der Arbeit am Körperbild betont und zugleich durchscheinen lässt, dass wohl jede Form der Körpergestaltung als Element einer dauernden Verfertigung angelegt ist (ebd.).

Gewiss ist nicht auszuschließen, dass solche und ähnliche Filter zur Vorspiegelung falscher Körpertatsachen eingesetzt werden – dass sie normierend wirken und dazu beitragen, überzogene Erwartungen zu stimulieren, idealisierte Hoffnungen zu schüren, die am eigenen Körper verwirklicht werden sollen. Die Kunst- und

Kulturwissenschaftlerin Sophie-Charlotte Opitz hat auf diesen Punkt eigens aufmerksam gemacht: „So berichten plastische Chirurg_innen, dass es immer mehr Kund_innen gibt, die Schönheitsoperationen fordern, die die Merkmale der Beautyfilter auf den realen Körper implementieren" (Opitz 2020). Und verstärken solche Filter in der Tat nicht auch bestehende Vereinseitigungen, Abwertungen und Diskriminierungen? „Die Filter machen allen ein schmales Gesicht und eine schmale Nase, grosse Augen und hellere Haut", so Opitz weiter. Manche Filter wiederholten Muster, die ein „weisses Erscheinungsbild als ‚schöner' wahrnehmen lassen und die Abweichung ‚anderer' Erscheinungsbilder einerseits herstellen und andererseits negativ konnotieren. Oder drastischer ausgedrückt: Es werden hegemoniale Sichtbarkeiten reproduziert, die suggerieren, dass es erstrebenswert ist, *weiss* zu sein" (ebd.).

Uneingeschränkt ist daher Opitz' abwägendem, instruktivem Plädoyer zuzustimmen: Da die Filter in der Regel „keine Altersbeschränkung haben und von allen – Kindern, Jugendlichen, Erwachsenen – genutzt werden können, ist es sinnvoll, darüber nachzudenken, an welchen Stellen aufklärende medienpädagogische Angebote eingesetzt werden können, um die Vor- und Nachteile, ebenso wie die Zusammenhänge und die Konsequenzen von Beautyfiltern für das gesellschaftliche Miteinander zu adressieren und besser nachvollziehen zu können" (ebd.). Die filtergetriebene, rassifizierende Intensivierung bestehender Abwertungen bleibt indes ein eigens zu untersuchendes Thema: „As a woman of color, I wish I could find a filter that doesn't lighten my skin", formulierte die Autorin Morgan Jerkins bereits im Jahr 2015. Und ihre Forderung war eindeutig: „When it comes to Instagram, the solution should not be to remove filters altogether but to make them more accommodating towards people of color" (Jerkins 2015).

Umso wichtiger ist es, der Neigung zur essentialisierenden Zuschreibung auch hier zu widerstehen – und sie dort zu befragen, wo sie auftritt. Daraus folgt aber auch, die so beliebte Täuschungsthese systematisch zu entkräften, ja aufzuzeigen, wo sie ihre Grenzen findet. Denn dieser erneut moralisch wertenden Unterstellung entgeht, dass gerade Chirurgie-Filter Gelegenheiten zum Rollenspiel bieten. Den Filter erst einmal auf das eigene Selfie gelegt, lässt sich jenen Figuren (ironisch) nacheifern, die man bewundert, als Vorbilder sieht – oder die man lächerlich, schlicht uncool, peinlich findet. Sich ihnen ästhetisch-mimetisch anzunähern, ein Stück ihrer gestalterischen Leistungen am eigenen Bild des Körpers auszuprobieren, das macht wohl ebenfalls den Reiz der Filter aus. Rollenspiele schaffen Identifikations- und Distanzierungserlebnisse zugleich: Sie verführen, sich als andere Figur zu imaginieren, sich gar in sie einzufühlen. Und sie ermöglichen umgekehrt, das eigene Selbst zu begutachten, es zu relativieren und, wenn man so will, wieder auf neue, vielleicht sogar veränderte Weise anzueignen.

So beleuchtet, erscheinen die Filter als das Gegenteil dessen, was ihnen als entfremdende Gefährdung angedichtet worden ist – davon ausgehend, dass zunehmend unerheblich wird, ob Körper chirurgisch oder digital, durch Fitnesstraining oder Fettabsaugen, durch Schminke oder Lichtsetzung optimiert werden. Die Hybridisierung von Fleisch und Bild, von Operationen und Medien kulminiert in digitalen Filtern, die aus der Anerkennung des menschlichen Wunschs nach Veränderung entstanden sind. Dass dieser Wunsch regelmäßig misstrauisch beäugt und als Zeichen eines Verlusts letzter Verbindlichkeiten fehlgedeutet wird, zeigt nur, wie tief sich romantisch vorgebildete Lebensideale in der westlichen Moderne verankert haben. Es wirkt daher einigermaßen anrührend, wenn selbst noch im Jahr 2021 ein Buch über *Influencer* – großspurig mit *Die Ideologie der Werbekörper* untertitelt – mit quasi-rousseauistischer Verve in sein Thema einsteigt: „Die Influencer zeichnen wir keineswegs in rosigem Licht, wir sehen in ihnen eine ernst zu nehmende Gefahr, da sie antiaufklärerisch agieren und ihre Follower manipulieren. Sie erzeugen ein falsches Bewusstsein, das sie wiederum gewinnbringend auszubeuten wissen, ja, sie verherrlichen das ‚beschädigte Leben' im Spätkapitalismus" (Nymoen und Schmitt 2021, S. 10).

Eine solche Einlassung, die sich in Affirmation gegenüber der eigenen Sehnsucht erschöpft, drückt lediglich mit anderen Begriffen aus, was auch in der *VOGUE* über den Trend zu gesichtsverändernden Filtern zu lesen ist: „Dies übt erneuten Druck auf uns aus, uns ebenfalls zu optimieren – oder sich weiterhin mangelhaft zu fühlen – [,] während wir zu den Stars unserer eigenen Instagram-Geschichte werden" (Jana 2019). Wer so spricht, träumt den Traum einer wiederkehrenden Hochkultur, über die man sich absetzen und die Niederungen des Populären hinter sich lassen könne. „Als einsame aufrechte Verkünder der Wahrheit", beschrieb der Germanist und Kulturwissenschaftler Georg Bollenbeck im Jahr 2007 jene Kulturkritikerinnen und -kritiker in der Tradition Rousseaus, die sich „als Entlarver der schlechten Zustände" gerierten und „sich in der Öffentlichkeit von der öffentlichen Meinung distanzieren" (Bollenbeck 2007, S. 30 f.).

Wie aber ist das Verhältnis zwischen Chirurgie-Filter und Chirurgie-Körper beschaffen? In jedem Fall komplexer, als es kulturkritische Reflexe glauben machen möchten. Ihnen gerät etwa auch aus dem Blickfeld, dass die sogenannte No-Filter-Bewegung auf Instagram – unter

#nofilter organisiert – so stark wie kaum eine andere
Bildidee der Sozialen Medien auf Filter angewiesen ist.
Gäbe es keine Filter, fände sich auch keine No-Filter-
Bewegung (vgl. Frier 2020, S. 179–206). Diese Dialektik
der digitalen Optimierung verweist auf die grundsätz-
liche Struktur der körperlichen Selbstpräsentation. Denn
auch Körper treten nie nur nach ihren je eigenen Voraussetzungen auf. Sie sind immer eingefasst und bedingt
durch andere Formen der Darstellung. Was also im Einzel-
fall als natürlich, unmittelbar, echt, authentisch erscheint,
ist mitbestimmt durch das, was als unnatürlich, mittelbar,
unecht, unauthentisch gewertet wird. Insofern ist je nach
Situation und Anlass, Hoffnung und Erfahrung auszu-
handeln, wie eine ‚Körperbildchirurgie' gewertet werden
soll. Ob nun ein Filter weniger stark in den Menschen
eingreift als ein Skalpell oder ob eine Botox-Spritze die
geringere Gefahr bedeutet als ein digital gestraffter Hals –
diese Fragen dürften je nach Menschenbild, Medienkennt-
nis und Chirurgie-Wissen unterschiedlich beantwortet
werden.

Nicht zuletzt verkennt die Gegenüberstellung von
Bildbearbeitung und Chirurgie – und der Wunsch, die
Instagram-Filter von der OP-Suggestion abzulösen –
eine simple Tatsache: Diejenigen, die sich unters Messer
legen, werden wohl kaum auf die Idee kommen, die Filter
aus ihrem Digitalleben zu eliminieren. Beauty-Eingriffe
werden doch nicht ernsthaft mit dem Ziel durchgeführt,
postoperativ auf Bildbearbeitungstools zu verzichten.
Der Einwand gegen diese Behauptung liegt freilich auf
der Hand: Es gehe überhaupt nicht um den Umgang
der Operierten mit ihren Filtern. Vielmehr müsse man
ins Bewusstsein holen, wie schädlich Filter insgesamt für
das „Wohlbefinden" (Bronewski 2019) von Menschen
seien. Demnach reiche es ganz und gar nicht aus, „nur
die ‚radikalen' Schönheitsfilter zu verbieten, um den

[sic] gesellschaftlichen Druck zur Selbstoptimierung ent-
gegenzuwirken". Letztlich müssten sich alle Bestrebungen
darauf richten, „die Bildschirmzeit und die Aktivität auf den Plattformen zu verringern". Es sei die Ver-
schmelzung von Attraktivitätswunsch, Bildoptimierung,
Körpermodellierung und Mediennutzung, die in „den
ungesunden Narzissmus" führe. Dieser müsse durch Ver-
weigerung, Ablehnung oder, wenn nichts mehr hülfe,
aktive Bekämpfung wieder geheilt werden (ebd.). Für
die Filter-Bewertungen im Speziellen gilt, was Wolfgang
Ullrich an Ressentiments gegenüber der Selfie-Kultur insgesamt aufgefallen ist: „Damit hat das christliche Dogma
der Todsünden eine weltliche Nachfolge gefunden: Der
mit Selfies ausgelebte Narzissmus gilt heute als todes-
würdig, so wie ehedem ‚superbia' – Hochmut, Stolz, Eitelkeit" (Ullrich 2019, S. 7).

Trotzdem – oder gerade deswegen? – lässt sich über ein
intensiviertes Ineinander von Bildbearbeitung und Körper-
eingriff spekulieren. Bedeutet es nicht einen besonderen
Ausweis gegenwartsästhetischer Kompetenz, wenn sich
Menschen in Übereinstimmung mit ihren Lieblingsfiltern
operieren lassen? Demnach könnte, wer etwa kontrast-
starke, dramatische Ausleuchtungen auf seinen Selfies
schätzt, von einer stirnglättenden Behandlung bewusst
absehen – wären damit doch jene Lebensfalten zum Verschwinden gebracht, die dabei helfen, das Gesicht im
Hell-Dunkel-Kontrast zum physiognomischen Ereignis zu stilisieren. Zugleich könnte die Person mit einer
Profilierung und Schärfung der Wangenknochen lieb-
äugeln, um den Beleuchtungsfiltern noch mehr Kontrast-
fläche zu bieten. Das Bildbearbeitungsprogramm wäre
bei diesem Ansatz nicht Gegner, sondern Partner auf dem
Weg des Selbstentwurfs – und die Chirurgie würde unter-
stützend umsetzen, was der Face-Filter allein nicht aufzu-
bringen im Stande ist.

Umgekehrt sei nicht ausgeschlossen, dass Personen, die sich nach Abklingen der Operationsfolgen erstmals in einem Selfie (wieder) begegnen, erwägen, für das veränderte Aussehen nun auch andere Filter einzusetzen. Möglicherweise versahen bisher Perspektiv-Filter die einzelnen Körperpartien mit zusätzlichem Volumen. Nach dem Eingriff braucht es diese nicht mehr – dafür aber einen stärker weichzeichnenden Filter, um die neu erlangten Proportionen in ein insgesamt harmonisches Erscheinungsbild einzufassen. Und wäre dies nicht auch eine Maßnahme, die verhindern könnte, auf das neu Erworbene reduziert zu werden? In diesem Fall würde der Filter als eine Art visuelle Schutzeinrichtung dienen, die eine plumpe Verkürzung auf primäre Körpermerkmale erschwert. Der darstellenden Person wären zusätzliche ästhetische Freiheiten gesichert.

Dies wiederum erinnert daran, dass OP-simulierende Filter – eingedenk der Gefahren, die mit ihnen einhergehen können – auch als Entlastungs- und Ermöglichungsinstrumente zu benutzen sind. Wer sich vor Operationen ängstigt oder nicht in der ökonomischen Lage ist, einen Eingriff finanzieren zu können, mag in den OP-Filtern gewiss keinen vollständigen Ersatz, aber vielleicht doch kontextgebundene Formen der Umsetzung entdecken. Und ließen sich nicht gerade damit Momente des Empowerments gestalten? Kleine, temporäre Bildereignisse des eigenen Körperdesigns, über das anderen Souveränität, Witz, Experimentierfreude und Verwandlungslust zu signalisieren ist? Bieten die so scharf und unisono unter Verdacht gestellten Filter nicht auch Chancen der Emanzipation? Der Loslösung von Erwartungen und Normen? Unter diesen Voraussetzungen wäre ernsthaft zu überlegen, die verteufelten Filter erst zu rehabilitieren – um sie schließlich wieder zu reaktivieren.

Dass Körperbilder heute eine Art technologisch unterstütztes Eigenleben führen können und überdies nahezu frei zu gestalten sind, dazu entwickle ich im nächsten und zugleich letzten Kapitel des Hauptteils einige Thesen.

Deepfakes und virtuelles Make-Up

Unter dem Titel *Mehr Schein als Sein* veröffentlichte ein Internetportal im Jahr 2019 eine Liste von „Fälschungen" (o2 2019). Dabei handelt es sich um „fünf Fake-Phänomene", die vor allem in Verbindung mit den Sozialen Medien aufträten und alles andere als ungefährlich seien: Am besten solle man sich vor ihnen „in Acht nehmen." Interessant an der Aufstellung ist, dass sie unter anderem zwei eigentlich getrennte Entwicklungen in einen Zusammenhang bringt. So sollten zum einen in den Sozialen Medien – wie schon im vorhergehenden Kapitel diskutiert – „Gesichtsfilter […] nur mit Bedacht eingesetzt werden." Zu exzessiv angewandt, spalte sich der Körper von der Person ab: „Plötzlich reicht das eigene Aussehen dann nicht mehr." In der Folge sähen Menschen kaum noch einen anderen Ausweg, als den Gang in die Schönheitsklinik anzutreten. Dort würden sie schließlich „die über ein Bildbearbeitungsprogramm veränderte[n] Fotos als Vorlage für einen Behandlungswunsch" vorzeigen. Erfolge der Eingriff, werde im Körper verewigt, was im Bild als bloßer „Spaß" und nette „Spielerei" begonnen habe (ebd.).

War damit die typische Instagram-Filter-Kritik nochmals aufgewärmt, wurde ein zweites Phänomen hinzugezogen: „Habt ihr schon mal mit eurem besten Freund oder eurer besten Freundin die Gesichter getauscht?" (ebd.). Gemeint waren sogenannte *Deepfakes,* Technologien also, die es erlauben, andere Personen auf

hyperrealistische Weise digital zu imitieren. Durch
eine Open-Source-Software – die meistbenutzte ist
DeepFaceLab – lassen sich zentrale mimische Punkte
des eigenen Gesichts extrahieren und auf das Bild eines
anderen Gesichts übertragen. So gelingt es selbst Laien
vergleichsweise schnell, innerhalb eines Videos Gesichter
auszutauschen. Ein lernender Algorithmus hilft, das
jeweilige Zielgesicht und dessen Stimme mit eigenen
Gesichtsregungen und eigenem Stimmeinsatz zu steuern.
Derart den mimetischen Effekt kontrollierend, erweisen
sich die ästhetischen Ergebnisse als ebenso beeindruckend
wie sie nachdenklich stimmen. Manch abgedrehte Vision
aus dem reich gefüllten Arsenal der „posthumanistischen
Fortschrittsideologie" (Krüger 2004, S. 144) scheint sich
in *Deepfakes* tatsächlich zu bewahrheiten.

So werden bereits heute Politikerinnen und Politiker,
Celebrities, aber auch Personen aus dem privaten Umfeld
zu einem visuellen und performativen Leben erweckt,
das sie nie geführt haben und wohl auch nie führen
werden: „One of the most famous is the video produced
by comedian Jordan Peele, where his face and voice were
digitally manipulated so it looked like Barack Obama was
actually saying what Peele said", fasste die Pädagogin und
Beraterin Gillian Andrews zusammen, und sie verwies
auf die etwaigen Folgen: „The video was a warning about
the rise of the technology that makes deepfakes possible"
(Andrews 2020, S. 211). Tatsächlich sind es nur (noch)
minimale Perspektivverzerrungen und kleinste *glitches,* die
die Bearbeitung verraten. Dem flüchtigen Blick dürften sie
entgehen. Hinzu kommt die Möglichkeit, Gesichter und
ganze Körper neu zu entwerfen und mit einem Aussehen
zu belegen, das Stilmerkmale professioneller Porträtfotos
und hochauflösender Videos nachbildet (Abb. 8). Ver-
ständlicherweise erinnert denn auch das Internetportal an
Risiken, die mit *Deepfakes* einhergingen: „Diese können

Abb. 8 Collage hyperrealistischer menschlicher Gesichter, 2019 mit einer KI-Technologie der Firma *GAN – generative adversarial network* generiert. (© Anatolii Babii/Alamy/mauritius images)

gefährlich werden", gerade weil sie die dargestellten Digital-Körper „verblüffend echt" erscheinen lassen (o2 2019).

Ohne an dieser Stelle *Deepfakes* in die lange Kulturgeschichte und ästhetische Tradition der Bildtäuschungen einzuordnen – dies freilich ein Unterfangen von größter bild- und medienwissenschaftlicher Relevanz –, ist dennoch bemerkenswert, dass *Deepfakes* in der zitierten Online-Meldung auf einer Ebene mit schönheitschirurgischen Themen verhandelt werden. Folgenreich an

dieser Nachbarschaft sind gleich mehrere Punkte: Wird
den Instagram-Filtern eine abspaltende, entfremdende
Kraft attestiert, erscheinen *Deepfakes* im Modus der Über-
identifikation (vgl. Wagner und Blewer 2019, S. 32–46).
Die Filter führten, so der stets wiederkehrende Einwand,
die Menschen aus sich selbst heraus, sodass sie aus über-
höhter Perspektive auf ihre zerfallenden, marodierenden
Körper herabblickten. Die Entzweiung spürend, verfielen
sie dem Glauben, die verlorenen Körper durch ästhetisch-
plastischen Einsatz dem vorgesetzten Schönheitsideal
wieder annähern zu müssen.

Deepfakes scheren aus dieser Verlustlogik aus. Sie vermengen durch technologische Verfahren Elemente ver-
schiedener Körper und bleiben dabei jenem Körper
geradezu sklavisch verbunden, den es bildhaft zu
duplizieren gilt. Mit *Deepfakes* verbindet sich also
keine Auf- und Abspaltung, vielmehr zielen sie auf die
perfekte digitale Rekombination zugunsten einer vermeintlichen Verdopplung. Ihr mimetisches Vermögen
ist schon heute derart ausgeprägt, dass sie in der Lage
sind, diesen hohen Anspruch einzulösen. Sie schaffen
Körperereignisse, die im Augenblick ihres Auftretens den
Platz des gemeinten Körpers einnehmen. In *Deepfakes*
fallen Person und Persona in eins. „Die Realität geht im
Hyperrealismus unter, in der exakten Verdoppelung des
Realen" (Baudrillard 1982, S. 113), so Jean Baudrillard
im bekannten kulturkritischen Duktus der frühen Post-
moderne.

In *Deepfakes* „verflüchtigt sich das Reale" jedoch gerade
nicht. Es verfällt damit auch nicht „zur Allegorie des
Todes", wenngleich es – und hier läge Baudrillard richtig
– „zum Realen schlechthin" aufsteigt. Das absolut Reale
der *Deepfakes* ist „nicht mehr Objekt der Repräsentation",
es verweist auf keinen ihn bedingenden Körper. Es ist
schlicht „hyperreal", eine nahezu vollständige Simulation

seiner eigenen Voraussetzungen (ebd., S. 113 f.). So besehen, demonstrieren *Deepfakes,* dass „die Realität selbst [...] hyperrealistisch" (ebd., S. 116) sein kann. Anders im Fall der vermeintlich durch Instagram-Filter in das Chirurgie-Elend getriebenen Körper: Sie bezeugen, wovon sie sich angeblich entfernt haben. Körper aus Fleisch, Blut und Knochen bleiben sichtbar, können berührt und immer weiter umgestaltet werden – mit der Folge, dass sich die Eingriffe, je mehr von ihnen durchgeführt werden, als Eingriffe einzuzeichnen und dem Blick aufzudrängen beginnen. Die angestrebte Neuvermählung mit sich selbst kann – muss nicht! – eine Spirale des Hinterherlaufens auslösen. Mit jeder neuen Straffung fallen weitere Körperstellen ins Auge, die ebenfalls angeglichen werden müssen, jede Fettabsaugung lenkt das Bewusstsein auf bislang übersehene Pölsterchen und sogenannte Problemzonen. Krampfhaft eine harmonische Körperkomposition anstrebend, kippt das Gesamtbild ins Disharmonische.

Doch ginge der Gedanke auch hier an der Sache vorbei, wenn er sich in einem Schein-Sein-Dualismus einrichtete. Dagegen spricht schon allein die Empirie, etwa in Form aktueller Entwicklungen. Chirurgie, bildgebende Verfahren, Künstliche Intelligenz und visuelle Körpersimulationen werden zunehmend miteinander verwoben – mit Folgen auch und gerade für die Ästhetisch-Plastische Chirurgie. Kundinnen und Kunden erhalten Gelegenheit, bereits im Vorfeld der Operationen möglichst realistisch überprüfen zu können, was sie bei Eintreten des angestrebten Ergebnisses erwartet – ja mehr noch, wer sie selbst sein werden, wenn sich die vorgetragenen Wünsche durch die Kraft des Eingriffs verwirklicht haben. (Erinnert sei nochmals an die *Bodenseeklinik,* die ihr Premiumprodukt ‚Mang-Nase' mit einem solchen Simulationsangebot unterstützt.) So war es nur eine Frage der Zeit, bis versucht wurde, die chirurgische Modellierung von Körpern mit den avancierten Simulationsverfahren der *Deepfakes* zu verbinden. Eine erste wissenschaftliche Studie zu diesem Thema, in Boston und Stanford entwickelt und bislang kaum beachtet, liegt vor, und sie wollte konkrete (Einsatz-)Möglichkeiten ermitteln: *Photographic and Video Deepfakes Have Arrived: How Machine Learning May Influence Plastic Surgery* (Crystal et al. 2020, S. 1079–1086).

Die Studie wirft eine einfache Frage auf: „What is the next venue of social media technology, and how might it apply to plastic and reconstructive surgery?" (ebd., S. 1079). Es solle darüber nachgedacht werden, welche „benefits and harms" in der Anwendung von *Deepfakes* auf die Praxis der Ästhetisch-Plastischen Chirurgie zu beachten seien. Als besondere Chance wird – bezeichnender Weise – die bildtechnologische Vorbereitung einer Gesichtstransplantation gesehen, und zwar in zweifacher Hinsicht: „The technology behind deepfakes could be remarkably used for facial allotransplantation simulation as a means to both computationally model current transplant recipients, but also as a tool to predict and demonstrate the potential posttransplantation appearance of recipients" (ebd., S. 1081 f.). Die in den Sozialen Medien so heiß diskutierte, ästhetisch faszinierende Technologie möge demnach helfen, die Passgenauigkeit von Gesichtern im Rahmen rekonstruktiver Maßnahmen zu überprüfen. Gesichtsspendende und gesichtsempfangende Körper könnten somit in simulierten Bilddarstellungen prä-operativ überblendet werden – und es ließe sich vorausberechnen, welche chirurgischen Herausforderungen bei der Übertragung des in Erwägung gezogenen Gesichts mutmaßlich zu bewältigen sein werden.

Auf der anderen Seite wäre der empfangenden Person ihr zukünftiges Aussehen zu präsentieren. Als ihr eigenes *Deepfake* könnte sie sich im Vorfeld des Eingriffs in Aktion mit dem neuen Gesicht erleben, ja könnte am Bild testen, welche Person sie einmal darstellen wird. Und gingen damit nicht auch erweiterte Wünsche und tiefere Sehnsüchte einher? Sollte es dann nicht auch möglich sein, Patientinnen und Patienten auf eine „Suche nach dem verlorenen Gesicht zu schicken" (Blume 2013, S. 44–53)? Schließlich könnte der Gedanke aufkommen, dass ein Gesicht abgelehnt wird, weil es nicht zu jenen mimischen Regungen fähig ist, auf die eine Person angewiesen ist, um sich als die Person vermitteln zu können, als die sie wahrgenommen werden möchte. Daran anknüpfend fallen die Einsatzgebiete entsprechend zahlreich aus: „This technology could equally be extended to aesthetic operations such as rhinoplasty or breast augmentation where model features could be naturally morphed onto prospective patients. More nefariously, deepfakes can be used to generate falsified patient testimonials and video results of patient outcomes" (ebd., S. 1084).

Gleichzeitig müsse im Blick behalten werden, dass sich die Angebote der Ästhetisch-Plastischen Chirurgie und die gesellschaftlichen Images der *Deepfakes* widersprächen. Sei die Beauty-Industrie bestrebt, ihre Leistungsversprechen mit dem Stempel des Vertrauens zu beglaubigen, stünden *Deepfakes* für die Lüge schlechthin. Sie einzusetzen bedeute, eine Täuschung mit den Mitteln erneuter Täuschungen zu verschleiern. Auf der Ebene der digitalen Bilder eskaliere der Konflikt: Denn werben Kliniken und Praxen mit Bildern ihrer chirurgischen Ergebnisse, dürfe nicht der leiseste Zweifel an ihrer Verlässlichkeit aufkommen – schließlich stünden echte Körper auf dem Spiel!

Je mehr *Deepfakes* allerdings im Umlauf kämen, desto skeptischer blickten potenzielle Kundinnen und Kunden auf die veröffentlichten Vorher-Nachher-Bilder. Kompromisse seien daher vonnöten: „As a proposed middle ground, surgeons could upload before-and-after photographs to their websites or social media accounts while concurrently providing a link to the corresponding raw data image" (ebd.). Alternativ könnte beispielsweise das *American Board of Plastic Surgery* eine zentrale Datenbank einrichten, um seinen Mitgliedern die Möglichkeit zu bieten, verlässliches Bildmaterial – „raw photographs" – zu beziehen und zu teilen. Ein „validated gatekeeper" oder eine „society-supported blockchain" würden über die Daten der schönheitschirurgischen Körperbilder wachen und ihre „authenticity" als *Non-Deepfakes* durch Verifikation garantieren (ebd.).

Man mag einwenden: Werden hier nicht abstrakte Zukunfts- und überzogene Zerrbilder gezeichnet? Körperbildchirurgische Dystopien? Sollten solche Spekulationen nicht besser Bestandteil biopolitischer Science-Fiction-Romane bleiben? Warum solche Hirngespinste auch noch wissenschaftlich adeln? Glaubt irgendjemand ernsthaft, dass die mögliche Vermischung von *Deepfake*-Technologien, Social-Media-Praktiken und Beauty-OPs jemals eine nennenswerte gesellschaftliche Bedeutung entfalten wird?

Zur Beantwortung müssen auch hier nicht die großen Phänomene und spektakulären Experimente konsultiert werden. Es genügt, in die konsumkulturelle Gegenwart zu schauen, um sensibel für die wechselseitige Durchdringung von Bildbearbeitung, Körpermodellierung und Kommunikationskultur zu werden. Wurde seit Beginn der Corona-Pandemie vonseiten der Beauty-OP-Industrie wiederholt die sprunghaft gestiegene Nachfrage hervorgehoben, so hat sich im Windschatten dieser Siegermeldungen noch eine andere Nische aufgetan. Die Firma

L'Oréal, zwar nicht im körperumbauenden, dafür umso aktiver im gesichtsbemalenden Gewerbe tätig, entwickelte 2020 eine Software, die sie als „erste virtuelle Make-up-Linie" bewarb: *Signatur Faces,* eine Art Life-Beauty-Filter, der mit Videokonferenz-Programmen wie *Google Hangouts, Microsoft Teams* und *Zoom* (vgl. Chavanne 2020) kompatibel ist. Er umfasst zehn Filter, unterteilt in drei Themen, und ermöglicht es Teilnehmenden an Video-konferenzen, ihre Meetings – tatsächlich – ungeschminkt zu betreten.

L'Oréal erzeuge nach Selbstauskunft eine „ganz neue Erfahrung des modernen Make-ups" (L'Oréal 2021), ein schlechtes Gewissen müsse deswegen aber niemand haben: „Wir glauben, dass Sie schön sind, wie Sie sind. Aber in einer Welt, in der die Kamera immer eingeschaltet ist, ist es okay, auch mal mit Filtern zu experimentieren!" (ebd.). Das Tool, wiederum orientiert an etablierten Social-Media-Filtern, identifiziert die zu schminkenden Partien und appliziert auf das Bildgesicht die gewünschten Farben und Schattierungen, zusätzlich Highlights in Form kleiner Glitzersteine und großer Wimpern. Während sich die Bearbeitungen vor allem auf die Bereiche der Augen, Wangen und Lippen konzentrieren, changieren die Farb-intensitäten stark – und decken das Spektrum von Knall-rot bis dezentem Hellbraun ab.

Dies dürfte schon bald wieder zum besorgten Ein-spruch motivieren, hatte der Designtheoretiker Volker Fischer doch bereits 2014 einiges daran auszusetzen, dass man nun schon erste Kosmetikprodukte über Bildschirm-Simulationen ausprobieren könne: „Auf den ‚Screens' werden die kosmetischen Oberflächen zu einer undurch-dringlichen, sensuell leeren, gleichwohl alles abbildenden Oberfläche" (Fischer 2014, S. 70). Die „Sensualität" werde dadurch „schlicht suspendiert. Die Kosmetik als künst-liche, kulturell kodierte Unterstützung der Schönheit entsagt ihrer dominanten Motivation, wenn es nicht mehr reale Menschen als Gegenüber, als erotische Resonanzfläche gibt" (ebd.).

Jenseits solcher Verlustmeldungen ist entscheidend, dass sich beim virtuellen Make-up in einem kleinen, fast nebensächlichen Rahmen Strukturen vollziehen, die dazu beitragen, Bilder, Körper und Medien einander anzunähern. Je raffinierter die Augmented-Reality-Technologie ausgestaltet wird, desto selbstverständlicher dürften solche Instrumente zum Einsatz kommen, ja desto größer wäre das Vertrauen in sie und entsprechend enger würden Körperbilder und Bildkörper interagieren. Denn das ist doch der eigentliche Vorzug des Schmink-Angebots: Bildtechnologien und Wünsche nach Modellierung des Körpers lösen sich aus starren Systemen. Das virtuelle Make-up kann von Konferenz zu Konferenz – innerhalb eines Meeting sogar mehrfach – gewechselt werden, und je alltäglicher mit ihm experimentiert wird, desto nachhaltiger dürften sich auch die Vorstellungen eines gelungenen (physischen) Make-ups wandeln.

Das Unternehmen, so verkündet es durchaus hochtrabend, „macht sich unseren neuen digitalen Lebensstil zu eigen und kreiert Looks, die nur virtuell erreicht werden können" (ebd.). So plump der Marketing-Sound auch tönen mag, verrät er dennoch, aus welchen ästhetischen Annahmen er formuliert worden ist. Die neuen Tools werden weder als übermalende Nothilfen noch als Sofortmaßnahmen zur Verhinderung peinlicher Momente präsentiert. Stattdessen wird wie selbstverständlich davon ausgegangen, dass digitale Interaktionen eigenen sozialen Bedingungen unterliegen und insofern auch auf spezielle körperästhetische Maßnahmen angewiesen sind.

Und drückt sich darin nicht auch eine Flexibilisierung der Körperbilder aus? Eine Erweiterung des ästhetischen Spielfelds, innerhalb dessen Körper während einer Interaktion in Form zu bringen und zu präsentieren sind? Selbst dann, wenn es gar nicht um eine Wirkung auf andere, sondern um die kleine Bestätigung des eigenen Video-Bild-Gesichts geht? Kann mit dem Software-Programm vielleicht sogar die ‚Zoom Fatigue' überwunden werden und eine neue Versöhnung mit eigenen, inzwischen vielleicht überdrüssig gewordenen Gesicht gestatten? Deutlich wird in jedem Fall, dass die scharfen Grenzen zwischen physischen und digitalen, natürlichen und künstlichen, nichtoperierten und operierten, ungefilterten und gefilterten Körpern allein in den Fiktionen des Schein-Sein-Denkens existieren – ein Denken, das für sich beansprucht, das Normale definieren zu können. „Wenn die Grenzen der körperlichen Manipulation fließend sind, wird es umso schwieriger zu beurteilen, wo sie bereits überschritten sind. Ist ein besonders dünner Körper schön? Sind extrem lange Beine erstrebenswert oder nicht mehr normal? Sind begradigte Nasen und aufgespritzte Lippen noch Teil meiner Identität? Und bei alldem: Wird dem Körper das vermeintlich Schöne zunehmend manipulativ einverleibt?" (Christofori 2015, S. 278).

Ersichtlich wird in jedem Fall: Die beklagten unsteten Verläufe sind Merkmale gegenwartsästhetischer Entwicklungen. Das *L'Oréal*-Tool greift auf *Deepfake*-Technologien zurück, ohne in ihnen aufzugehen; *Deepfakes* wiederum bauen auf einem gesellschaftlich hartnäckig verwurzelten Glauben an den Körper auf, um diesen Glauben mit algorithmischen Prozessen zu unterlaufen; eine ambitionierte Ästhetisch-Plastische Chirurgie bedient sich der *Deepfake*-Raffinesse, ohne ihre Täuschungsabsichten einkaufen zu wollen; Vorher-Nachher-Bilder der chirurgischen Angebote präsentieren oft derart glattgezogene Körper, dass sich massiver Filter-Verdacht aufdrängt – sodass wiederum Zweifel an der ästhetischen und ethischen Integrität der Kliniken und Praxen aufkommen (vgl. Kabamba 2016, S. 91–106).

Kurzum, so klar getrennt, wie viele suggerieren, liegen die Dinge nicht. Wer sie dennoch klar separieren, jedem Phänomen ein gesellschaftliches Plätzchen zuweisen und generell lieber Verlustmeldungen streuen als den Versuch des Verstehens unternehmen möchte – der oder die überschreibt die Dinge mit dem festgefügten Bild eines ästhetisch geordneten Lebens und bedient zugleich die Sehnsucht nach einem Leben, in dem nichts mehr passiert, weil bereits alles hinreichend gut geraten ist. Die Wünsche, Hoffnungen und Ziele sehr vieler Menschen weichen davon ab – indem sie etwa in Körpern Möglichkeiten entdecken, mehr und anderes aus sich zu machen, als ihnen mitgegeben worden ist.

Dass dieses Etwas-aus-sich-Machen Bewunderung hervorrufen und zu einem ‚Krass!'-Ausruf verleiten kann, das zeigten die Beispiele in diesem Buch. Im letzten Kapitel mache ich mich auf die Suche nach der ästhetischen Bedeutung von ‚krass' – auch auf die Gefahr hin, damit selbst ein wenig zu übertreiben.

Ausblicke auf krasse Körper

In seinem 2021 erschienen Roman *Krass* entwirft Martin Mosebach den gleichnamigen Protagonisten als einen Typen, dem allerhand Bewunderung zuteilwird. „Herr Krass allein war an sich schon wirkungsvoll genug" (Mosebach 2021, S. 99), heißt es an einer Stelle – wobei Ralph Krass, durch Waffengeschäfte vermögend und sich oft dominant gegenüber seinen Mitmenschen verhaltend, keineswegs als Übermensch geschildert wird. So beeindruckend er auch hin und wieder erscheinen mag, seine ganze Wirkung entfaltet sich erst durch jene Menschen, die ihn umgeben. So ist es beispielsweise „eine junge Frau", die Krass' Ausstrahlung „steigerte". Im Verbund mit ihr realisiert sich das Potenzial der Figur: Denn nur diese andere Person „gab der Macht […] ihre Abrundung, wenn zur Kraft die Anmutung, zur Düsternis das Lächeln traten" (ebd.).

© Der/die Autor(en), exklusiv lizenziert durch Springer-Verlag GmbH, DE, ein Teil von Springer Nature 2021
D. Hornuff, *Krass! Beauty-OPs und Soziale Medien,*
Essays zur Gegenwartsästhetik,
https://doi.org/10.1007/978-3-662-63421-9_3

Ist die Figur bereits damit relativiert, erscheint Krass oftmals nur deshalb als überlegen, weil andere ihm zuerkennen, durch eigene Kraft zu dem geworden zu sein, was er zu verkörpern glaubt. Der Geschäftspartner Levcius beispielsweise kann über ihn berichten: „Man muß wissen, Ralph Krass hat sich selbst gemacht und fährt damit bis heute fort. Er ist keineswegs charakterlos, im Gegenteil, aber zu seinem Charakter gehört, daß er neue Eigenschaften annehmen kann, wenn er das will'" (ebd., S. 173). Es bereitet Vergnügen zu lesen, wie Mosebach den Selfmade-Menschen Krass konsequent durch die Perspektiven der ihm beigestellten Figuren ausgestaltet – und ihn damit formal konterkariert. Ralph Krass ist zwar die zentrale Figur des Romans, wird aber systematisch dezentralisiert, indem es andere Figuren sind, die Krass als einen krassen Typen ausweisen. „Mir prägte sich vor allem das Bild dieses in der Menge treibenden Mannes ein", erinnert sich eine andere Figur, und weiter: „Ich hatte ihn nur als Zentrum eines Hofstaates erlebt, als Sonne in einem System um ihn kreisender Planeten" (ebd., S. 286). Und Frau Krass deutet nach Abbruch des Kontakts eine erotische Anziehungskraft an, die er noch immer auf sie ausübt: „Er ist doch attraktiv, jedenfalls in meinen Augen, stattlich, ein ganzer Kerl'" (ebd., S. 270) – eine Schilderung, die darauf aufmerksam macht, dass es durch den gesamten Roman immer wieder Krass' Körper ist, den die anderen Figuren als imposant wahrnehmen.

Sie sehen seinen Körper als über die Maßen groß, kraftvoll und wohlgeformt, und „was man" daher „an Herrn Krass zunächst kennenlernt, ist das Einschüchternde, das Pompöse" (ebd., S. 29). Als sich Krass einmal ans Fenster begibt und – wohl noch unter dem Eindruck der Rückmeldungen auf seine Person – hinausblickt, glaubt er, in einem gegenüberliegenden Vulkan eine Verbildlichung seiner selbst zu entdecken: „Er wandte sich dem Vesuv zu, schweigend in die Betrachtung dieses Bergwunders versunken, dem er sich nah zu fühlen meinte – massiv, furchtbar und darunter gefährlich, wobei die Menschen und Häuser verschlingenden Ausbrüche selten waren" (ebd., S. 186). Zuvor schwamm Krass in der Meeresbucht, und von einem Boot aus beobachtete man ihn erneut ehrfürchtig: „Herr Krass zeigte sich als Naturmensch, den Elementen urverwandt. Er ließ, kraftvoll kraulend, sein Publikum jetzt hinter sich. […] Wie schnell er schwamm. […] Wichtig war, mit der Brust die Wellen zu zerteilen und das Funktionieren der eigenen Muskulatur zu spüren" (ebd., S. 130–132).

Was aber hat nun Mosebachs Roman mit der Ästhetisch-Plastischen Chirurgie und den Sozialen Medien zu tun? Zunächst einmal – nichts. Ralph Krass denkt, nach allem, was man liest, nicht im Entferntesten daran, sich in schönheitschirurgische Behandlungen zu begeben. Anlass besteht für ihn ohnehin nicht. Von Selfies und Instagram-Filtern ist im Roman ebenfalls nichts zu erfahren, im Gegenteil, allenfalls wird mal telefoniert und hin und wieder ein Fax verschickt. Das verbindende Glied liegt in ‚krass' selbst – jenem kleinen Wörtchen, das die Hauptfigur in Mosebachs Roman als sprechenden Namen trägt und das zugleich flutartig in der populären Bewertung, alltäglichen Einordnung und Social-Media-Bewunderung von Beauty-OP-Ergebnissen ausgeschüttet wird.

Lifestyle-Portale quellen vor ‚Krass'-Meldungen schier über. Sensationalisiert werden „krasse Vorher-Nachher-Fotos!" (BRAVO 2020). Präsentiert werden „die krassesten Beauty-Transformationen der Stars" (OK-Magazin 2021). Gefragt wird: „Zu krass? Melody Haase zeigt Ergebnis ihrer Po-Operation" (R. 2021). Und spekuliert wird über „Caro Robens: Zwang Andreas sie zu dieser krassen Schönheits-OP?" (Lübker 2021). Einen der Spitzenplätze belegt nach wie vor, wie eingangs gesehen, Melania Trump, die besonders intensiv „im Wandel der Zeit" beobachtet und mit entsprechend eindeutigen Urteilen belegt wird: „Krasse Veränderung – SO sah Donalds Frau vor ihren Beauty-OPs aus" (RTL 2020). Nochmals intensiviert tritt ‚krass' in Kombination mit schönheitschirurgischen Phänomenen, Bildern und Themen innerhalb der Sozialen Medien auf. „Das ist echt krass. Wie findet ihr eigentlich das? Also das Thema Plastik Chirurgie in Korea" (German Kpop Express 2021). Eine andere Userin zeigt sich von einem Bildvergleich beeindruckt: „Jennifer Lopez, vorher nachher, rechts – mit Facelift und Botox. Was für ein Unterschied, so krass" (Bredemeier 2020). Und die auf Instagram beliebten Vorher-Nachher-Bilder werden mit Hashtags wie #krass und #krassoptik versehen – sodass sich bereits auf Ebene der Verschlagwortung Begriff und Phänomen miteinander verbinden.

Vergleicht man Mosebachs literarische *Krass*-Gestaltung mit der populärkulturellen ‚Krass'-Verwendung, fällt eine strukturelle Gemeinsamkeit auf. In beiden Fällen findet ‚krass' als Zuschreibung Verwendung. Zwar bildet der Begriff (auch) den Nachnamen des Protagonisten in Mosebachs Roman, möglicherweise in etymologischer Anspielung auf das lateinische ‚crassus' (übersetzt unter anderem als dick, fett, grob, derb) und damit lose verweisend auf den römischen Feldherrn Marcus Licinius Crassus (vgl. Bär 2014) – doch lässt Mosebach immer wieder offen, wie die Erzählinstanz den Protagonisten charakterisieren würde, sodass Zuschreibungen, die intrafiktional auf ihn gerichtet werden, überwiegen. Ist es im Roman vor allem der Körper, über den Ralph Krass als eine seinem Namen würdige Person registriert wird, sind es auch in den Sozialen Medien und auf Lifestyle-Portalen Körperbilder, die entsprechende Reaktionen hervorrufen. Man greift zu ‚krass', um seinem Eindruck der gesehenen

Körper und ihrer – neuen – Formen Ausdruck zu verleihen. So wenig, wie Ralph Krass aus sich selbst heraus eine krasse Person darstellt, so selten wirken die schönheitschirurgisch veränderten Körper aus sich heraus krass.

In dieser Hinsicht besteht auch hier eine strukturelle Ähnlichkeit zwischen den Romanfiguren, die Ralph Krass umgeben, und den Internet-Redaktionen und Social-Media-Userinnen und -Usern, die sich ihrerseits zu den Körpern der Ästhetisch-Plastischen Chirurgie verhalten. Gleichzeitig gehen damit systematische Unterschiede einher. In den Sozialen Medien ist es im Grunde nie nur der umgestaltete Körper, der Staunen hervorruft. Vielmehr entzündet sich die Zuschreibung am Wandel des Körpers, an seiner Transformation. Weniger das Ergebnis verleitet zur Hochschätzung, eher beeindruckt der Sprung vom ehemaligen in den neuen Zustand.

Insofern werden die Körper – paradoxerweise – auf doppelte Weise durch ‚Krass‘-Labelings relativiert: Einerseits durch bloße Zuschreibung, die selbstverständlich auch wieder zurückgenommen werden kann; und andererseits durch Bildvergleich, der die jeweilige Körperdarstellung im Kontrast zu einer anderen Körperdarstellung bewertet. Umso mehr aber drängt sich die Frage nach der kulturellen und sozialen Bedeutung dieser Zuschreibungspraxis auf. Welches ästhetische Empfinden – welcher Geschmack – mag sich wohl zeigen, wenn das Bedürfnis entsteht, Körper und Körperveränderungen mit dem Begriff ‚krass‘ zu belegen? Verweist ‚krass‘ auf eine allgemeinere Tendenz? Gar auf eine die popkulturelle Gegenwart ästhetisch prägende Entwicklung?

‚Krass‘ wird meist nicht in definitorischer Absicht verwendet. Mit dem Begriff sollen weder Bedeutungsschattierungen herausgearbeitet noch trennscharfe Kriterien eingeführt werden. Stattdessen wird ‚krass‘ in einer Mischung aus Emphase, Verwunderung und Hochachtung verwendet. Allerdings will man nicht nur sein Überrascht-Sein ausstellen und Anerkennung bekunden – ebenso geht es bei ‚krass' um ein Signal, mit dem sich anzeigen lässt, dass das Gesehene den ästhetischen Durchschnitt durchstößt und in einen Bereich vordringt, der außerhalb des Gewöhnlichen und Alltäglichen liegt.

Zugleich bedeutet die ‚Krass'-Zuschreibung nicht, dass das so bezeichnete Phänomen unerreichbar oder radikal anders sei. Es steht noch immer in Sichtweite zu den je eigenen Möglichkeiten. Ein ‚Krass'-Ausruf hievt das mit ihm Adressierte mitnichten auf die Ebene des Absoluten. Es wird zwar als entrückt und vorangeschritten wertgeschätzt, aber nicht als abgehoben oder utopisch idealisiert. Nur so ist zu erklären, warum ‚krass' oftmals Steigerungs- oder Relativierungsattribute erhält – und somit auch als ‚ziemlich krass', ‚mega krass', ‚echt krass', ‚arg krass', ‚bisschen krass' oder sogar ‚negativ krass' auftritt.

Dazu passt, dass Mosebach seinen Protagonisten wiederholt in Situationen führt, die auf komische Weise die ihm zuerkannte Rolle brechen – und ihn wieder, wertungsfrei gesprochen, in die Sphäre des Üblichen und Gängigen zurückholen: „Ralph Krass vor einem Automaten – schon das eigentlich ein Unding. Wozu war man von der Natur verschwenderisch mit der Gabe der Autorität ausgerüstet worden, wenn man schließlich vor einem Apparat landete, der die menschliche Spreu und die echten Persönlichkeiten nicht auseinanderhielt und vor keinem durchdringenden Blick erbebte?" (Mosebach 2021, S. 358). Ergiebig an dieser Szene ist, wie die zugebilligten ‚Krass'-Qualitäten in Konfrontation mit einem Ding zerbröseln, vor einer Maschine also, die über keine Möglichkeit verfügt, durch Eigenprojektion eine ‚Krass'-Zuschreibung vorzunehmen. Vor dem sich verweigernden Automaten bleibt von Ralph Krass nur noch der Ralph übrig – in dem sich, nachdem er sich vom Automaten entfernt hat, „ein rauschhaftes Unabhängigkeitsgefühl" einstellt. Ohne die ihn allzeit umspielenden Bewunderungen war es „eine neue Freiheit", die ihn „beschwingte" (ebd., S. 360).

Und sensibilisiert diese Szene nicht auch dafür, welche Prägekraft mit einem so kleinen Wörtchen wie ‚krass' ausgeübt werden kann? Bezogen auf aktuelle Phänomene deutet sich etwa in der Fitness-Szene und in populären Ernährungsratgebern eine normative Verhärtung der ‚Krass'-Wertung an. Aus der ursprünglichen Zuschreibung – aus der Bekundung einer spezifischen Wahrnehmung – formt sich ein ontologisch gemeinter Begriff, vorgetragen zunächst als Anspruch, dann eingesetzt als Imperativ: *Koch dich Krass!* (Aminati 2016), befiehlt das Buch eines deutschen TV-Moderators. Die parallel dazu betriebene Online-Plattform *MACH DICH KRASS* heißt Interessierte unumwunden „in Deinem neuen Leben" willkommen (Aminati 2021) – und präsentiert die Heilige Dreifaltigkeit des Schönseins, um „kraftvoller und definierter" zu werden: „Effektives Training", „Gesunde Ernährung", „Motivation" (ebd.). Und ein Fitness-Studio in Mühlheim an der Ruhr wirbt mit dem etwas verhalteneren Slogan „Werde auch DU Krass Fit" (Krass Fit 2021). ‚Krass' kommt schon lange nicht mehr nur zufällig oder immer mal wieder zum Einsatz. Es handelt sich um einen Begriff, der die Stufe einer alltagssprachlichen Gewöhnung erreicht hat und insofern auch kaum mehr als eine besondere Form des Zuweisens und Anerkennens auffällt.

Wie eingangs angedeutet, erweisen sich Sianne Ngais Überlegungen als besonders ergiebig, um die ‚Krass'-Zuschreibung als Ausdruck einer ästhetischen Empfindung anzuerkennen. Ngais Fokus richtet sich auf gegenwärtige Empfindungen, die sich nicht (mehr) an Werken der vermeintlichen Hochkultur und ihren Auto-

nomiesuggestionen ausfalten. Stattdessen schärfen sie
sich an sporadischen Ereignissen, kleinen und vielfach
miteinander vermischten Dingen, an den angeblichen
Nebensächlichkeiten des Alltags – und äußern sich unter
anderem als *Ugly feelings*. Diese wiederum beschreibt
Ngai als kommentierende Gefühle, quasi als Gefühle
über Gefühle (vgl. Ngai 2005, S. 10). Diese können sich
ihrerseits mit „feelings of manipulation" verbinden (Ngai
2012, S. 27), was allerdings nicht bedeute, dass es keine
mächtigen ästhetischen Gefühle mehr gäbe, im Gegenteil: „We inhabit a world in which we are confronted
constantly, if intermittently, with spectacular displays of
aesthetic power, often in close coordination with displays
of financial, political, and military might" (ebd.).

,Krass' stünde somit für eine ästhetische Empfindung,
der jene kommunikative Doppelleistung gelingt, aus
der Ngai beispielsweise die gesellschaftliche Konjunktur
des Gimmicks ableitet: „Like all aesthetic categories, the
gimmick names a relationship between a relatively codified
way of seeing and a way of speaking that the former
compels" (Ngai 2020, S. 5). Demnach ließe sich ,krass'
als sprachliches Instrument verstehen, das einen Hinweis darauf gibt, in welcher Weise gegenwartsästhetische
Urteile „an extra layer of intersubjectivity" freilegen (ebd.):
Indem als ,krass' bewertet wird, zu dem man sich ins Verhältnis setzt. Eine ,Krass'-Zuschreibung wäre demnach
eine Form der Beziehungsgestaltung. Die Verwendung
von ,krass' kann dazu beitragen, eine momenthafte, immer
wieder veränderbare, nie endgültige Gemeinschaft der sich
als krass Identifizierenden und wechselseitig Bestätigenden
zu erzeugen: der krassen Körperformen, krassen Lebensstile, krassen Erlebnisse oder krassen Vorhaben. Mosebachs
Ralph Krass wird durch andere zu einem krassen Typen
stilisiert, aber indem sie das tun, nehmen sie zugleich an
der Etablierung krasser Empfindungen teil, ja sie sind

Mitglieder einer von ihnen selbst geschaffenen krassen Gemeinschaft – die ebenfalls schwankend, immer absturzgefährdet, niemals stabil und schon gar nicht auf Ewigkeit angelegt ist. Wer sich mit Ralph Krass einlässt und in ihm einen krassen Typen sieht, muss ‚ugly feelings‘ in Kauf nehmen.

Die Ästhetisch-Plastische Chirurgie wiederum dürfte weniger auf ‚ugly feelings‘ denn auf „„mixed conditions‘" (Ngai im Rückgriff auf John Guillory; ebd., S. 44) beruhen. Ihre Angebote offerieren keine reinen Körperpraktiken. Diese sind verbunden mit anderen Formen alltäglicher Gestaltung, insbesondere mit den Techniken der Selbstpräsentation in den Sozialen Medien. Folglich interferieren Beauty-OPs – mal mehr, mal weniger – mit ähnlichen oder benachbarten Weisen der Körpermodifikation, überlagern sich mit bildbearbeitenden Filter-Vorlieben und üben ihrerseits Einfluss auf Bildentscheidungen aus. Überhaupt begreifen sie den Körper als ein bildhaftes Objekt, an dem Eingriffe durchzuführen sind, um innere und äußere Körperbilder in Übereinstimmung zu bringen. Die ‚Krass‘-Emphase gegenüber Beauty-OP-Bildern mag somit Ausdruck wechselnder oder sogar gemischter Empfindungen sein: Verändert sich der Körper hin zu ‚krass‘ im Sinne von ‚schön‘? Oder wird eine Transformation angestrebt, die man als ‚krass‘ empfindet, weil das Ergebnis irritiert, gar verstört? „Was ich ‚krass‘ finde und kaum ansehen kann", schreibt die Kunst- und Medienwissenschaftlerin Annekathrin Kohout mit Blick auf (nicht-plastische) Chirurgie-Bilder auf Instagram, „wird oft relativ nüchtern und sachlich als Bildungsmaterial in der Profilbeschreibung angekündigt" (Kohout 2018). Daran anknüpfend: Können sich in ‚krass‘ etwa zwei Empfindungen miteinander verbinden – und sich beispielsweise als ‚krass verstörend, aber doch irgendwie krass schön‘ realisieren?

Die uneindeutigen, ver- und gemischten, widersprüchlichen Empfindungen kehren Aspekte hervor, die in diesem Essay nicht zur Sprache kamen – obwohl sie eingehende Beachtung verdient haben und möglicherweise von größerer gesellschaftlicher Relevanz sind. So habe ich in den zurückliegenden Kapiteln nicht thematisiert, welche Rolle die Ästhetisch-Plastische Chirurgie in Gesellschaften spielt, die unter massiven politischen Repressionen leiden, in Gesellschaften, in denen möglicherweise Soziale Medien eingeschränkt werden oder insgesamt ein bild- und medienfeindliches Klima herrscht. Welche Rolle nehmen Schönheitsoperationen in diesen Kontexten ein – und welche könn(t)en sie ausfüllen? Bieten sie Frauen Möglichkeiten der Emanzipation, der Ablösung von patriarchalen, misogynen Strukturen, der Ermächtigung des eigenen Körpers? Oder schreiben sich machistische Sehnsüchte – gerade dann, wenn autokratische Machtansprüche auf politisierten Religionsvorstellungen aufbauen – nur umso zwingender in die Praktiken der Ästhetisch-Plastischen Chirurgie ein? Mit dem Ziel, den weiblichen Körper zusätzlicher Objektifizierung zu unterwerfen und sexualisierte Gewalt zu normalisieren?

Die zu wenig konsultierten Arbeiten der Anthropologin Marzieh Kaivanara (vgl. Kaivanara 2017) öffnen mit Blick auf die Situation im Iran entscheidende Perspektiven – und sie werden ergänzt durch empirische Studien, die soziodemographische Verbreitungen erfassen (vgl. Hormozi et al. 2018), nach sozialen, kulturellen und religiösen Gründen fragen (vgl. Niya et al. 2018) und Rechtsgrundsätze thematisieren (Atiyeh et al. 2008, S. 1–10). Interessant und instruktiv für kommende Arbeiten ist, dass diese Studien jeweils auch kommunikationstechnologische Bedingungen berücksichtigen.

Und wie ist vor diesem Hintergrund zu bewerten, dass der Vatikan im Jahr 2015 im Vorfeld einer Konferenz, die das Verhältnis der Kirche zu Frauen thematisieren wollte, „Schönheits-OPs als ‚Burka des Fleisches' bezeichnet[e]" – und dies mit Verweis auf eine „Diktatur der Ästhetik" zu begründen versuchte (Klinkhammer 2015)? Welche Vorstellungen von körperlicher Autonomie und Geschlechterrollen, welche religiösen Wertsetzungen und Bildbegriffe, welche Selbstbilder und Fremdbilder finden hier zueinander? Und darauf aufbauend: Wie stark können Beauty-OPs und deren Verarbeitung in den Sozialen Medien zentrale, theologisch komplex strukturierte Menschenbilder erschüttern oder, andersherum, stabilisieren? Gerade weil Gottesfragen unmittelbar Körper- und Bilderfragen nach sich ziehen, bräuchte es weiterführende Untersuchungen, um den Umgang der Religionen mit den Angeboten der Ästhetisch-Plastischen Chirurgie zu erfassen. Erste Ansätze liegen vor: *Religion and the Plastic Surgeon: an Imam, a Minister, and a Rabbi Walk into a Surgical Centre* (Bresler und Paskhover 2018, S. 1699–1703).

Ein weiteres Desiderat bleibt bestehen, und es betrifft das Verhältnis von Beauty-OPs, medialer Repräsentation und Stigmatisierung. Man muss nicht die Brille der Kulturkritik aufsetzen, um zu erkennen, dass die Verschaltung zwischen der Ausgestaltung gesellschaftlich mehrheitsfähiger Designkörper und deren visueller Aufführung in den Sozialen Medien Beteiligung unterbinden und Dynamiken der Ausgrenzung verstärken kann. Auch hier gilt: Zu behaupten, es gäbe eine soziale Zwangsläufigkeit, einen technologischen Automatismus, eine ästhetische Kausalität, würde das Gegenteil der hehren Absichten erzeugen – und insinuieren, dass jenseits der Strukturen niemand für stigmatisierende Entwicklungen verantwortlich sei. Umso mehr aber kann und darf nicht ausgeschlossen werden, dass sich in der Körperfixierung der Sozialen Medien Handlungen verfestigen, die Erving Goffman als Bedingung von Marginalisierung, als Klassifizierung von Andersartigkeit und damit als Voraussetzung des Ausschließens beschrieben hat: „Das stigmatisierte Individuum findet sich solcherart in einer Arena detaillierter Argumentationen und Diskussionen über das, was es über sich denken sollte, das heißt über seine Ich-Identität" (Goffman 1977, S. 155).

Das ‚Krass'-Label kann sich zu einem ‚Krass'-Paradigma ausweiten – und damit die Arena, in der sich die gestalteten Körper zeigen, von jenen Körpern zu befreien versuchen, die die Bedingungen des Paradigmas nicht erfüllen. Stilgemeinschaften sind nie davor gefeit, ihre Stil-Präferenzen zu verabsolutieren, sie als Maß aller Dinge zu sehen und damit den Stil-Pluralismus, aus dem sie selbst hervorgegangen sind, durch eine neue Stil-Hierarchie zu überwinden. Der Wille zur Re-Identifikation mit sich selbst und die Gefahr der stilistischen Vereinheitlichung ringen miteinander in der Arena der öffentlich verhandelten Ästhetisch-Plastischen Chirurgie. Deshalb kreuzt sich in ihr eine der wesentlichen kulturellen, ästhetischen und politischen Konfliktlinien unserer Gegenwart: Die Aushandlung zwischen einer offenen, Widersprüche fördernden, Widerstreitendes miteinander in Verbindung bringenden Weltsicht – und einer sich abschließenden, Widersprüche unterdrückenden, Widerstreitendes zur Eskalation anheizenden Ideologie.

Das mag man für eine krasse Übertreibung halten. Und tatsächlich: Folgte man abschließend Günther Anders, der die wohl dramatischste wie attraktivste Verfallsgeschichte des menschlichen Körpers im Zeitalter der moderner Medientechnologien geschrieben hat, liegen die Dinge ohnehin viel eindeutiger, als ich sie in diesem Essay zu denken versucht habe: „Unser *Körper ist Allgemeinbesitz* geworden. Und gerade dessen Tabu-Zonen. Was natürlich in erster Linie für den weiblichen Körper gilt. Wozu sich früher höchstens Prostituierte hergegeben hätten: nämlich ihre Brust- und Gesäßweite öffentlich abmessen und die Ziffern unter dem Photo publizieren zu lassen, dazu versteht sich, sofern es nicht als ‚funny' gelten will, jedes Girl" (Anders 2002, S. 234).

Und dennoch, mit Anders zurückgefragt: Braucht es nicht manchmal kleine Übertreibungen, um das hin und wieder Übertriebene erfassen zu können? Einen Versuch in diese Richtung unternahm ich in den zurückliegenden Kapiteln. Dass sie nicht die letzten zu diesem Thema bleiben mögen, dieser Wunsch sei ihnen mitgegeben.

Literatur

(Internet-Quellen zuletzt am 10.03.2021 kontrolliert)

Abend, Sandra/Körner, Hans: Vorwort. In: Dies. (Hg.): Der schöne Mensch und seine Bilder. München 2017, 8–9.

Abendzeitung: Irre Körperkulte: So krass verändern Menschen ihr Äußeres (2018). In: https://www.abendzeitung-muenchen.de/panorama/irre-koerperkulte-so-krass-veraendern-menschen-ihr-aeusseres-art-437196.

Adorno, Theodor W.: Prolog zum Fernsehen (1952/53). In: Gesammelte Schriften. Hg. von Rolf Tiedemann 20 Bd. Frankfurt a. M. 1977, Bd. 10.2, 507–517.

Aminati, Daniel: Koch dich krass! Die 100 besten Rezepte zu meinem Onlineprogramm „Mach dich krass". München 2016.

Aminati, Daniel: MACH DICH KRASS (2021). In: https://www.machdichkrass.de/mdk/.

© Der/die Herausgeber bzw. der/die Autor(en), exklusiv lizenziert durch Springer-Verlag GmbH, DE, ein Teil von Springer Nature 2021
D. Hornuff, *Krass! Beauty-OPs und Soziale Medien*,
Essays zur Gegenwartsästhetik,
https://doi.org/10.1007/978-3-662-63421-9

Anders, Günther: Die Antiquiertheit des Menschen. Band 2: Über die Zerstörung des Lebens im Zeitalter der dritten Industriellen Revolution [1980]. München ³2002.

Andrews, Gillian „Gus": Keep Calm and Log On. Your Handbook for Surviving the Digital Revolution. Cambridge, Massachusetts 2020.

Anonymus: Natürlichkeit im Trend: Moderne plastische Chirurgie (2018). In: https://www.plastische-chirurgie-berlin.de/2018/03/23/moderne-plastische-chirurgie-natuerlichkeit-im-trend/.

Ärzte Zeitung: Gestiegene Nachfrage. Schönheits-Operationen erleben einen Corona-Boom (2021). In: https://www.aerztezeitung.de/Panorama/Schoenheits-Operationen-erleben-einen-Corona-Boom-416814.html.

Atiyeh, Bishara S./Kadry, Mohamed/Hayek, Shady N./Ramzi, Musharafieh: Aesthetic Surgery and Religion: Islamic Law Perspective. In: Aesthetic Plastic Surgery 32/1 (2008), 1-10.

Babich, Babette: Körperoptimierung im digitalen Zeitalter: Verwandelte Zauberlehrlinge und zukünftige Übermenschen. In: Beinsteiner, Andreas/Kohn, Tanja (Hg.): Körperphantasien. Technisierung – Optimierung – Transhumanismus. Innsbruck 2016, 203–226.

Bär, Jochen A.: Das Jahr der Wörter – Folge 57 (26. Januar): Krass. In: http://www.baer-linguistik.de/beitraege/jdw/krass.htm.

Baßler, Moritz: Goethe und die Bodysnatcher. Ein Kommentar zum Anatomie-Kapitel in den *Wanderjahren*. In: Ders./Brecht, Christoph/Niefanger, Dirk (Hg.): Von der Natur zur Kunst zurück (= Neue Beiträge zur Goethe-Forschung). Tübingen 1997, 181–197.

Baudrillard, Jean: Der symbolische Tausch und der Tod. München 1982 [frz. 1976].

Beckwith, Ryan Teague: Election 2020. Trump Suggests Biden Had Plastic Surgery: Campaign Update (2020). In: https://www.bloomberg.com/news/articles/2020-09-22/young-biden-voters-may-turn-out-at-2008-levels-campaign-update.

Berndt, Christina: Gefährliches Ideal (2019). In: https://www.sueddeutsche.de/stil/schoenheitsoperation-po-frau-1.4570717.

Bild der Frau: Bildaufbau, Licht, Make-up. Im Homeoffice? So sehen Sie in Videokonferenzen gut aus (2020). In: https://www.bildderfrau.de/mode-schoenheit/article228778273/Im-Homeoffice-So-sehen-Sie-in-Videokonferenzen-gut-aus.html.

Birnbacher, Dieter: Schönheit und Arbeit, in: Abend, Sandra/Körner, Hans (Hg.): Der schöne Mensch und seine Bilder. München 2017, 96–110.

Blume, Eugen: Auf der Suche nach dem verlorenen Gesicht. In: Zoller, Manfred: Der Blick auf Anatomie, Gestalt und Körper durch die Kunst. Berlin 2013.

Bollenbeck, Georg: Eine Geschichte der Kulturkritik. Von Rousseau bis Günther Anders. München 2007.

BRAVO: Beauty-OPs der Stars: Krasse Vorher-Nachher-Fotos! (2020). In: https://www.bravo.de/beauty-ops-der-stars-krasse-vorher-nachher-fotos-349756.html.

Bredemaier, Daniela: Facebook-Account (2020). In: https://www.facebook.com/daniela.bredemeier.9.

Bresler, Amishav Y./Paskhover, Boris: Religion and the Plastic Surgeon: an Imam, a Minister, and a Rabbi Walk into a Surgical Centre. In: Aesthetic Plastic Surgery 42/6 (2018), 1699–1703.

Breuninger, Kevin: Trump says face masks are ‚patriotic‘ after months of largely resisting wearing one (2020). In: https://www.cnbc.com/2020/07/20/trump-says-coronavirus-masks-are-patriotic-after-months-of-largely-resisting-wearing-one.html.

BUNTE: Unglaublich! So krass hat sich seine Ex-Frau optisch verändert. Nicht nur Trump-Tochter Ivanka polarisiert mit ihrem Aussehen. Auch bei Ivana Trump wurde höchstwahrscheinlich das ein oder andere über die Jahre verändert (2017b). In: https://www.bunte.de/panorama/politik/donald-trump-unglaublich-so-krass-hat-sich-seine-ex-frau-optisch-veraendert.html.

Buschmann, Alexandra: Instagram-Account (2020). In: https://www.instagram.com/p/CA5O16xiGAx/.

Bull, Heinz-Gerhard: Schönheit um jeden Preis – „Ästhetisch Chirurgische Eingriffe“. In: Wienke, Albrecht/Eberbach, Wolfram H./Kramer, Hans-Jürgen/Janke, Kathrin (Hg.):

Die Verbesserung des Menschen. Tatsächliche und rechtliche Aspekte der wunscherfüllenden Medizin. Berlin, Heidelberg 2009, 41–42.

Butler, Judith: Zwischen den Geschlechtern. Eine Kritik der Gendernormen. In: Aus Politik und Zeitgeschichte B 33–34 (2002), 6–8.

Chavanne, Yannick: Mit Augmented Reality so gut wie geschminkt in die Videokonferenz (2020). In: https://www.netzwoche.ch/news/2020-11-17/mit-augmented-reality-so-gut-wie-geschminkt-in-die-videokonferenz.

Chen Jonlin/Ishii, Masaru/Bater Kristin L./Darrach, Halley/Liao, David/Huynh Pauline P./Reh Isabel P./Nellis, Jason C./Kumar, Anisha R./Ishii, Lisa E.: Association Between the Use of Social Media and Photograph Editing Applications, Self-esteem, and Cosmetic Surgery Acceptance. In: JAMA Facial Plastic Surgery 21.5 (2019), S. 361–367.

Christofori, Ralf: Die Verkörperung des Schönen. Reproduktion und Produktion von Körperbildern in der zeitgenössischen Kunst und Kultur. In: Ridler, Gerd (Hg.): Mythos Schönheit Facetten des Schönen in Natur, Kunst und Gesellschaft. Ausst.-Kat. des Oberösterreichischen Landesmuseums / Schlossmuseum Linz zur gleichnamigen Ausstellung vom 6. Mai bis 29. November 2015. Ostfildern 2015, 277–287.

Colomina, Beatriz/Wigley, Mark: Are We Human? Notes on an Archaeology of Design. Zürich 2016.

Crone, Philipp: „Doppelkinn-OPs sind irre auf dem Vormarsch." Werner Mang ist Deutschlands bekanntester Schönheitschirurg. Warum Patienten dieser Tage mehr Geld für Gesichts-OPs ausgeben, wieso immer mehr Männer zu ihm kommen und in welchen Städten die Menschen besonders eitel sind (2020). In: https://www.sueddeutsche.de/muenchen/muenchen-mang-schoenheitschirurg-nase-corona-1.5129043.

Crystal, Dustin T./Cuccolo, Nicholas G./Ibrahim, Ahmed M. S./Furnas, Heather/Lin, Samuel J.: Photographic and Video Deepfakes Have Arrived: How Machine Learning May Influence Plastic Surgery. In: Plastic and Reconstructive Surgery 145/4 (2020), 1079–1086.

Bastian, Matthias: Digitale Schönheits-OPs: Instagram killt Beauty-Filter (2020). In: https://mixed.de/digitale-schoenheits-op-instagram-killt-beauty-filter/.

Debord, Guy: The Society of the Spectacle. Berkeley 2014 [frz. 1967].

DGÄPC (Deutsche Gesellschaft für Ästhetisch-Plastische Chirurgie): Chirurgen sehen Zusammenhang zwischen Operationsanfragen und bearbeiteten Fotos (2019). In: https://www.dgaepc.de/motiviert-der-selfie-boom-immer-haeufiger-zu-schoenheitsoperationen/.

DGÄPC (Deutsche Gesellschaft für Ästhetisch-Plastische Chirurgie): DGÄPC-Statistik 2019–2020. Zahlen, Fakten und Trends der Ästhetisch-Plastischen Chirurgie. Berlin 2020.

Dieffenbach, Johann Friedrich: Die Operative Chirurgie. Erster Band. Leipzig 1845.

Eco, Umberto: Der menschliche Körper. In: Ders. (Hg.): Die Geschichte der Schönheit. München, Wien 2004 [ital. 2004], 72–81.

Eiblmayr, Silvia: Die Frau als Bild. Der weibliche Körper in der Kunst des 20. Jahrhunderts. Berlin 1993.

Fischer, Volker: Beauty Design. Kosmetik als Wille und Vorstellung. Cosmetics as Will and Representation. Stuttgart, London 2014.

Franz, Alexandra: Selfie Surgery – der gefährliche Schönheits-OP-Trend (2017). In: https://www.instyle.de/beauty/selfie-surgery-schoenheits-op-trend.

Frier, Sarah: No Filter. The Inside Story of Instagram. New York 2020.

Fritze, Hermann Eduard/Reich, O. F. G.: Die plastische Chirurgie in ihrem weitesten Umfange dargestellt und durch Abbildungen erläutert. Berlin 1845.

Gadebusch Bondio, Mariacarla: Medizinische Ästhetik. Kosmetik und plastische Chirurgie zwischen Antike und früher Neuzeit. München 2005.

GALA: Du siehst so anders aus! (2021). In: https://www.gala. de/beauty-fashion/beauty/botox---ops--du-siehst-so-anders-aus--20516952.html.

Geisweid, A./Kühlein, B. F.: Brustvergrößerung. Ein schöner Busen – der Traum vieler Frauen (o. J.). In: https://www.plastische-praxis.de/fettabsaugung/11-rightmenu/20-brustvergroesserung.

German Kpop Express: Facebook-Account (2012). In: https:// www.facebook.com/GermanKpopExpress/.

Gesundheit: Ist Deutschland dem Schönheitswahn erlegen? Schönheitsoperationen boomen in Deutschland! 290.000 allein im letzten Jahr. Ganz vorne dabei: Brustvergrößerung, Brustverkleinerung und Augenlidchirurgie (2020). In: https:// www.gesundheit.com/beauty-pflege/1/ist-deutschland-dem-schoenheitswahn-erlegen.

Giessler, Svenja: Corona: Das Bewusstsein für den eigenen Körper wächst (2020). In: https://plastische-chirurgie-giessler. de/corona-das-bewusstsein-fuer-den-eigenen-koerper-waechst/.

Goffmann, Erving: Stigma. Über Techniken der Bewältigung beschädigter Identität [1967]. Frankfurt a. M. ²1977 [engl. 1963].

Groys, Boris: Selbstdesign und ästhetische Verantwortung. Oder von der Produktion der Aufrichtigkeit (2013). In: http:// whtsnxt.net/060.

Güntert, Andreas: Seit Corona boomen Schönheits-OPs am Kinn (2021). In: https://www.handelszeitung.ch/panorama/ seit-corona-boomen-schonheits-ops-am-kinn.

Han, Byung-Chul: Die Errettung des Schönen. Frankfurt a. M. 2015.

Hill, Lorry: TRUMP vs BIDEN: Who Had More PLASTIC SURGERY? (2020). In: https://www.youtube.com/ watch?v=JJ66VP7aW_U.

Hormozi, Abdoljalil Kalantar/Maleki, Simin/Rahimi, Abolfazl/ Manafi, Ali/Amirizad, Seyed Javad: Cosmetic Surgery in Iran: Sociodemographic Characteristics of Cosmetic Surgery Patients in a Large Clinical Sample in Tehran. In: The American Journal of Cosmetic Surgery 35/4 (2018), 177-182.

Horch, Raymund E.: Sein und Design – Plastische Chirurgie bei der Korrektur des menschlichen Erscheinungsbildes. In: Illhardt, Franz Josef (Hg.): Die Medizin und der Körper des Menschen. Bern, Göttingen, Toronto, Seattle 2001, 59–71.

Hornuff, Daniel: Hassbilder. Gewalt posten, Erniedrigung liken, Feindschaft teilen. Berlin 2020.

Hrabowski, Manuel: Frontpage der Klinik-Website (2021a). In: https://www.beautyclinic.de.

Hrabowski, Manuel: Unsere Philosophie (2021b). In: https://www.beautyclinic.de/die-klinik/philosophie/.

Hubmer, Michaela: Instagram-Account (2021). In: https://www.instagram.com/p/CLkJAVvlG8V/.

Ingelmann, Anja: Das Geschäft mit Schönheitsoperationen boomt. Brustvergrößerung, Fettabsaugen oder Facelifting sind längst keine Tabuthemen mehr. Der Markt mit Schönheitschirurgie boomt und auch in Südhessen gibt es Gewinner (2018). In: https://www.echo-online.de/wirtschaft/wirtschaft-regional/das-geschaft-mit-schonheitsoperationen-boomt_19054851.

Ingelmann, Anja: Faltenfrei in die Videokonferenz. Schönheitschirurgen haben in der Coronakrise großen Zulauf. Sonja Sattler von Rosenparkklinik erklärt warum. In: Darmstädter Echo (20.02.2021).

ISAPS: ISAPS International Survey on Aesthetic/Cosmetic Procedures Performed in 2017. West Lebanon 2017.

Jana, Rosalind: Instagram verbietet Filter mit Schönheits-OP-Effekt. Aber macht das auch wirklich Sinn? (2019). In: https://www.vogue.de/beauty/artikel/instagram-beauty-filter.

Jäsche, Georg Emmanuel: Beiträge zur plastischen Chirurgie. Mitau 1844.

Jerkins, Morgan: The Quiet Racism of Instagram Filters (2015). In: https://www.racked.com/2015/7/7/8906343/instagram-racism.

Jünger, Franziska: Mehr Schönheits-OPs in Corona-Zeiten (2020). In: https://www1.wdr.de/nachrichten/rheinland/schoenheitsoperationen-anstieg-corona100.html.

Kabamba, Olivier Nkulu: La chirurgie esthétique et la dignité du corps humain. Recherche en philosophie de la médecine. Louvain-la-neuve 2016.

Kaisers, Harald: Statement: Zunahme des Patienteninteresses an Ästhetisch-Plastischen Behandlungen während der Corona-Pandemie (2021). In: https://www.dgaepc.de/statement-zum-thema-zunahme-des-patienteninteresses-an-aesthetisch-plastischen-behandlungen-waehrend-der-corona-pandemie/.

Kaivanara, Marzieh: Beauty in Iran: Paradoxical and Comic (2019). In: http://beautydemands.blogspot.co.uk/2017/10/beauty-in-iran-paradoxical-andcomic.html.

Kind, Martina/Scheid, Nina (2018): gefährlicher Schönheitswahn im Internet. Aussehen wie ein retuschiertes Bild: Mit diesem Wunsch gehen immer mehr junge Menschen zum Schönheitschirurgen. In: https://www.pressreader.com/germany/saarbruecker-zeitung/20180619/282067687651867.

Klinkhammer, Gisela: Randnotiz: „Burka aus Fleisch" (2015). In: https://www.aerzteblatt.de/archiv/168200/Randnotiz-Burka-aus-Fleisch.

Knam, Friedrich: Praxis-Website (2021). In: https://schoenheitschirurgie.com/.

Knop, Karin/Petsch, Tanja: „Initiative für wahre Schönheit" – Die Rückkehr des Alltagskörpers in die idealisierte Körperwelt der Werbung. In: Röser, Jutta/Thomas, Tanja/Peil, Corinna (Hg.): Alltag in den Medien – Medien im Alltag. Wiesbaden 2010, 119–137.

Köle, Heinz: Aesthetische Operationen im Mund- und Kieferbereich. In: Gohrbrandt, Erwin/Gabka, Joachim/Berndorfer, Alfred (Hg.): Handbuch der plastischen Chirurgie. Band 2, 1. Teil: Spezielle plastische Chirurgie. Berlin, New York 1973, Beitrag 26.

Kohout, Annekathrin: Ekel im Bild: Chirurgie und Autopsie auf Instagram (2018). In: https://pop-zeitschrift.de/2018/08/20/social-media-augustvon-annekathrin-kohout20-8-2018/.

Krass Fit: Krass Fit – Mühlheim am Main. In: https://krass-fit.de/.

Krüger, Oliver: Gnosis im Cyberspace? Die Körperutopien des Posthumanismus. In: Hasselmann, Kristiane/Schmidt, Sandra/Zumbusch, Cornelia (Hg.): Utopische Körper. Visionen künftiger Körper in Geschichte, Kunst und Gesellschaft. München 2004, S. 131–146.

Kubisz, Marzena: Strategies of Resistance. Body, Identity and Representation in Western Culture. Frankfurt a. M., Berlin, Berlin, Brüssel, New York, Oxford, Wien 2003.

Kunath, Katharina: Warum ist „Alien Glamour" gerade so angesagt? In: https://www.welt.de/icon/beauty/article190876215/Body-Modification-Der-Anti-Beauty-Trend-passt-zum-Zeitgeist.html.

Lorenz, Sarah Maria Luisa Valentina: Chirurgische Entwicklungen im deutschsprachigen Raum vom Ende des 19. Jahrhunderts (1880) bis zum Beginn des 2. Weltkriegs im heutigen Fachgebiet der Plastischen und Ästhetischen Chirurgie (= Dissertation der Fakultät für Medizin der Technischen Universität München). München 2009.

Lübker, Lena-Marie: Caro Robens: Zwang Andreas sie zu dieser krassen Schönheits-OP? (2021). In: https://intouch.wunderweib.de/caro-robens-schoenheits-op-nase-100811.html.

Macho, Thomas: Schönheitsmythen. In: Ridler, Gerd (Hg.): Mythos Schönheit Facetten des Schönen in Natur, Kunst und Gesellschaft. Ausst.-Kat. des Oberösterreichischen Landesmuseums / Schlossmuseum Linz zur gleichnamigen Ausstellung vom 6. Mai bis 29. November 2015. Ostfildern 2015, 13–17.

Mang, Werner: Nasenkorrektur – Nasenchirurgie. Ästhetische Nasenkorrektur vom Spezialisten (2021). In: https://www.bodenseeklinik.de.

Meeson, Sally: Lockdown and remote work have meant hours of staring at our own faces on video calls – and prompted interest in going under the knife (2020). In: https://www.bbc.com/worklife/article/20200909-why-plastic-surgery-demand-is-booming-amid-lockdown.

Miglietti, Francesca Alfano: Extreme Bodies. The Use and Abuse of the Body in Art. Mailand 2003.

Moorstedt, Michael: Warum Zoom die Menschen so müde macht (2020). In: https://www.sueddeutsche.de/digital/zoom-fatigue-videokonferenz-ermuedung-corona-1.4888670.

Mozaffari, Nahid Niya/ Kazemi, Majid/Abazari, Farrokh/ Ahmadi, Fazlollah: Iranians' Perspective to Cosmetic Surgery: A Thematic Content Analysis for the Reasons. In: World Journal of Plastic Surgery 8/1 (2019), 69–77.

MSN: Trumps Kehrtwende: US-Amerikaner sollen nun doch Maske tragen (2020). In: https://www.msn.com/de-at/nach-richten/other/trumps-kehrtwende-us-amerikaner-sollen-nun-doch-maske-tragen/ar-BB171x3f.

Mühl, Melanie: Groß, größer, Brazilian Butt. Das extremste ästhetische Ideal ist derzeit ein voluminöser Po. Dafür schuften Frauen in Fitnessstudios und legen sich sogar unters Messer (2020). In: https://www.faz.net/aktuell/feuilleton/debatten/warum-der-brazilian-butt-zum-schoenheitsideal-avancierte-16871902.html.

Nelson, Steven: Trump mocks Biden for covering up alleged plastic surgery with mask (2020). In: https://nypost.com/2020/09/22/trump-rips-biden-at-rally-for-covering-up-plastic-surgery-with-mask/.

Ngai, Sianne: Our Aesthetics Categories. Zany, Cute, Interesting. Cambridge, London 2021.

Ngai, Sianne: Theory of Gimmick. Aesthetic Judgement and Capitalist Form. Cambridge, Massachusetts 2020.

Ngai, Sianne: Ugly feelings. Cambridge, Massachusetts 2005.

Nymoen, Ole/Schmitt, Wolfgang M.: Influencer. Die Ideologie der Werbekörper. Frankfurt a. M. 2021.

o2: Fakes im Internet. Mehr Schein als Sein (2019). In: https://hilfe.o2online.de/o2-news-3/fakes-im-internet-mehr-schein-als-sein-544951.

OK-Magazin: Die krassesten Beauty-Transformationen der Stars (2021). In: https://www.ok-magazin.de/style/beauty/die-krassesten-beauty-transformationen-der-stars-50801.html.

Pagotto, Vitor Penteado Figueiredo/Abbas, Laielly/Golden-berg, Dov Charles/Lobato, Rodolfo Costa/do Nascimento, Bruno Baptista/Monteiro, Gustavo Gomes Ribeiro/Camargo,

Cristina Pires/Busnardo, Fabio de Freitas/Gemperli, Rolf: The impact of COVID-19 on the plastic surgery activity in a high-complexity university hospital in Brazil: the importanceof reconstructive plastic surgery during the pandemic (2020). In: https://link.springer.com/article/10.1007/s00238-020-01729-6.

Parker, Rhian: Women, Doctors and Cosmetic Surgery. Negotiating the ‚Normal' Body. London 2009.

Pfändler, Nils: Der Schönheitschirurg als Künstler: „Ich schleife, bohre, schneide, breche und forme wie ein Bildhauer". Farid Rezaeian ist ästhetischer Chirurg und Spezialist für Nasenoperationen. Er versteht sich selber als Bildhauer am menschlichen Körper – und plädiert trotzdem für Natürlichkeit (2018). In: https://www.nzz.ch/zuerich/der-schoenheitschirurg-als-kuenstler-ich-schleife-bohre-schneide-breche-und-forme-wie-ein-bildhauer-ld.1419543.

Posch, Waltraud: Projekt Körper. Wie der Kult um Schönheit unser Leben prägt. Frankfurt, New York 2007.

R., Dinah: Zu krass? Melody Haase zeigt Ergebnis ihrer Po-Operation (2021). In: https://www.promiflash.de/news/2021/02/28/zu-krass-melody-haase-zeigt-ergebnis-ihrer-po-operation.html.

Reuter, Luise: Instagram-Account (2020). In: https://www.instagram.com/p/CCBzpfMqlB7/.

RTL: Die Ex-First-Lady im Wandel der Zeit. Melania Trump: Krasse Veränderung – SO sah Donalds Frau vor ihren Beauty-OPs aus (2020). In: https://www.rtl.de/cms/melania-trump-krasse-veraenderung-so-sah-donalds-frau-vor-ihren-beauty-ops-aus-4374723.html.

Rüter, Ulrich: Sex sells. Nacktheit in der Plakatwerbung: Lifestyle-Träume zwischen Beauty und Bulimie. In: Hornbostel, Wilhelm/Jockel, Nils (Hg.): Nackt. Die Ästhetik der Blöße. München 2020, 157–165.

Runkel, Thomas: Enhancement und Identität. Die Idee einer biomedizinischen Verbesserung des Menschen als normative Herausforderung. Tübingen 2010.

Sartore, Richard L.: Body Shaping. Trends, Fashion and Rebellions. Commack, New York 1998.

Schäfer-Fauth, Lisa/Küchenhof, Joachim: Wie weit soll die Veränderung gehen? Selbstdarstellungen von Menschen mit dem Wunschnach kosmetisch-chirurgischen Eingriffen im Gesicht. In: Borkenhagen, Ada/Brinkschulte, Eva/ Frommer Jörg/Brähler, Elmar (Hg.): Schönheitsmedizin. Kulturgeschichtliche, ethische und medizinpsychologische Perspektiven. Wetzlar 2016, 65–85.

Scheller, Jörg: Am Busen der Kultur – zur Ästhetik der Männerbrust. In: Hähnel, Martin/Knaup, Marcus (Hg.): Leib und Leben. Perspektiven für eine neue Kultur der Körperlichkeit. Darmstadt 2013, S. 179–190.

Scheller, Jörg: Bodybuilder. In: Netzwerk Körper. What Can a Body Do? Praktiken des Körpers in den Kulturwissenschaften. Frankfurt a. M. 2012, 41–46.

Scheller, Jörg: Sollen wir Menschen uns so akzeptieren, wie wir sind? Nein, wir können uns gar nicht genug optimieren! Selbstoptimierung: Im wohlstandsgesättigten Westen hat das einen schlechten Beiklang bekommen. Zu Unrecht. Wer sich nicht optimiert, hat sich aufgegeben (2019). In: https://www.nzz.ch/feuilleton/selbstverbesserung-wer-sich-nicht-optimiert-hat-sich-aufgegeben-ld.1457304.

Schmitt, Katharina: Das österreichische ÄsthOpG als Vorbild für Deutschland? Eine vergleichende Untersuchung zu rechtlichen Anforderungen an die Durchführung von Schönheitsoperationen und ästhetischen Behandlungen. München 2019.

Schreiber, Maria/Götzenbrucker, Gerit: Körperbilder – Plattformbilder? Bildpraktiken und visuelle Kommunikation auf Social Media. In: Grittmann, Elke/Lobinger, Katharina/ Neverla, Irene/Pater, Monika (Hg.): Körperbilder – Körperpraktiken. Visualisierung und Vergeschlechtlichung von Körpern in Medienkulturen. Köln 2018, 29–50.

Schuster, Horst L.: „Plastische Chirurgie und Kunst" – ein Essay. In: face. Spezial 1 (2012), 42–46.

Siessegger, Matthias: Vorher-Nachher-Bilder in der Plastischen und Ästhetischen Chirurgie [2012]. Köln ²2016.

Sturm, Jules: Bodies We Fail. Productive Embodiment of Imperfection. Bielefeld 2014.

Ullrich, Wolfgang: Alles nur Konsum. Kritik der warenästhetischen Erziehung. Berlin 2013.

Ullrich, Wolfgang: Selfies. Die Rückkehr des öffentlichen Lebens. Berlin 2019.

van Roojen, Pepin: Images of the Human Body. Singapur 2000.

Victor, Daniel: Coronavirus Safety Runs Into a Stubborn Barrier: Masculinity. When political leaders suggest basic precautions appear unmanly, men are less likely to follow health and safety advice, experts say. In: https://www.nytimes.com/2020/10/10/us/politics/trump-biden-masks-masculinity.html.

Villa, Paula-Irene: „Endlich normal!" Soziologische Überlegungen zur medialen Inszenierung der plastischen Chirurgie. In: Wischermann, Ulla/Thomas, Tanja (Hg.): Medien – Diversität – Ungleichheit. Zur medialen Konstruktion sozialer Differenz. Wiesbaden 2008a, 87–103.

Villa, Paula-Irene: Einleitung – Wider die Rede vom Äußerlichen. In: Dies. (Hg.): schön normal. Manipulationen am Körper als Technologien des Selbst. Bielefeld 2008, 7–19.

VIP: Ivanka Trump: So krass hat sie sich in den vergangenen Jahren verändert. Natürliche Schönheit? Nicht ganz… (2017) In: https://www.vip.de/cms/ivanka-trump-so-krass-hat-sie-sich-in-den-vergangenen-jahren-veraendert-4111914.html.

VIP: Melania Trump: Krasse Veränderung – SO sah Donalds Frau vor ihren Beauty-OPs aus. Melania Trump hat sich ziemlich stark verändert (2020). In: https://www.vip.de/cms/melania-trump-krasse-veraenderung-so-sah-donalds-frau-vor-ihren-beauty-ops-aus-4374723.html.

von Ammon, Friedrich August/Baumgarten, Moritz: Kritik der plastischen Chirurgie. Berlin 1849.

von Bronewski, Gloria: Instagram verbietet Schönheits-OP-Filter – Was bringt das? (2009). In: https://www.welt.de/

icon/beauty/article202585948/Verschaerfte-Richtlinien-Instagram-verbietet-Schoenheits-OP-Filter-Was-bringt-das. html.

Wagner, Travis L./Blewer, Ashley (Hg.): „The Word Real Is No Longer Real": Deepfakes, Gender, and the Challenges of AI-Altered Video. In: Open Information Science 3 (2019), 32–46.

Wegenstein, Bernadette: Schönheitskonstruktionen und Körpermodifikationen vom 18. bis zum 21. Jahrhundert. In: Pippal, Martina, dies.: Arbeit am eigenen Körper (= Wiener Vorlesungen im Rathaus. Band 145. Herausgegeben für die Kulturabteilung der Stadt Wien von Hubert Christian Ehalt). Wien 2009, 17–54.

Wegenstein, Bernadette: The Cosmetic Gaze. Body Modification and the Construction of Beauty. Cambridge, Massachusetts 212.

Wostmann, Julia: Ganz schön operiert. Zur Legitimität der Ästhetisch-Plastischen Chirurgie (= Reihe Materialitäten, Band 27). Bielefeld 2021.

Zaugg, Thomas: „Das Smartphone ist ein Pornoapparat". Der Philosoph Byung-Chul Han ist der treffendste Kritiker unserer Art zu leben. In: Das Magazin, Nr. 39 (2014), 7–16.

Printed in the United States
by Baker & Taylor Publisher Services